Corina Schäfer

Wirtschaftlicher und sozialer Zusammenhalt in Europa

Eine Bilanz der europäischen Regionalpolitik

Corina Schäfer

WIRTSCHAFTLICHER UND SOZIALER ZUSAMMENHALT IN EUROPA

Eine Bilanz der europäischen Regionalpolitik

ibidem-Verlag
Stuttgart

Bibliografische Information der Deutschen Nationalbibliothek
Die Deutsche Nationalbibliothek verzeichnet diese Publikation in der Deutschen Nationalbibliografie; detaillierte bibliografische Daten sind im Internet über http://dnb.d-nb.de abrufbar.

Bibliographic information published by the Deutsche Nationalbibliothek
Die Deutsche Nationalbibliothek lists this publication in the Deutsche Nationalbibliografie; detailed bibliographic data are available in the Internet at http://dnb.d-nb.de.

Coverabbildung: © Georg Preissl - Fotolia.com

∞

Gedruckt auf alterungsbeständigem, säurefreien Papier
Printed on acid-free paper

ISBN-10: 3-8382-0187-6

ISBN-13: 978-3-8382-0187-0

© *ibidem*-Verlag
Stuttgart 2010

Alle Rechte vorbehalten

Printed in Germany

Inhaltsverzeichnis

Abkürzungsverzeichnis

a.a.O.	am anderen Ort
ABl.	Amtsblatt
Abs.	Absatz
AEUV	Vertrag über die Arbeitsweise der Europäischen Union
Art.	Artikel
Bd.	Band
BIP	Bruttoinlandsprodukt
BNE	Bruttonationaleinkommen
bzw.	beziehungsweise
COROP	Coördinatie Commissie Regionaal Onderzoeksprogramma (niederländische Regioneneinteilung seit 1971)
d.h.	das heißt
Diss.	Dissertation
DOM	Département d'outre mer (französisches Übersee-Département)
EAGFL	Europäischer Ausrichtungs- und Garantiefonds für die Landwirtschaft
ECU	European Currency Unit
EEA	Einheitliche Europäische Akte
EFRE	Europäischer Fonds für regionale Entwicklung
EG	Europäische Gemeinschaft
EGKS	Europäische Gemeinschaft für Kohle und Stahl
EGV	Vertrag zur Gründung der Europäischen Gemeinschaft
EIB	Europäische Investitionsbank
ELER	Europäischer Landwirtschaftsfonds für die Entwicklung des ländlichen Raums
EP	Europäisches Parlament
EPPD	Einheitliches Programmplanungsdokument

ESF	Europäischer Sozialfonds
et al.	et alii (und andere)
EU	Europäische Union
Eurostat	Statistisches Amt der Europäischen Union
EW	Einwohner
EWG	Europäische Wirtschaftsgemeinschaft
EWGV	Vertrag zur Gründung der Europäischen Wirtschaftsgemeinschaft
f.	folgende
ff.	und folgende
FIAF	Finanzinstrument für die Ausrichtung der Fischerei
GD	Generaldirektion
GFK	Gemeinschaftliches Förderkonzept
GI	Gemeinschaftsinitiative
Hrsg.	Herausgeber
IPA	Instrument for Pre-accession Assistance
ISPA	Instrument for Structural Policy for Pre-accession
KKP	Kaufkraftparität
KKS	Kaufkraftstandard
km^2	Quadratkilometer
KMU	Kleine und mittlere Unternehmen
KOM	Europäische Kommission
LAU	Local Administration Unit
Mio.	Million
MOEL	mittel- und osteuropäische Länder
Nr.	Nummer
NSRP	Nationaler Strategischer Rahmenplan

NUTS	Nomenclature des unités territoriales statistiques
OECD	Organisation for Economic Co-operation and Development
OP	Operationelles Programm
PHARE	Poland and Hungary: Aid for Restructuring of the Economies
S.	Seite
Sapard	Special accession programme for agriculture and rural development
TEN-T	Transeuropäische Verkehrsnetze
u.a.	unter anderem
vgl.	vergleiche
VO	Verordnung
z.B.	zum Beispiel
Z.E.A.T	Zone d'études et d'aménagement du territoire (französische Raumplanungs- und Ordnungszone

Danksagung

An dieser Stelle möchte ich mich bei den Mitarbeitern des Statistischen Amts der Europäischen Union (Eurostat) herzlich bedanken, ohne deren Mithilfe die Erstellung dieser Arbeit nicht möglich gewesen wäre.

Wesentliche Grundlage für die vorliegende Studie sind statistische Regionaldaten über die einzelnen Mitgliedstaaten der EU, welche im Zeitraum von 1989 bis 2008 von Eurostat erhoben wurden. Da Daten der frühen 90er Jahre auf der Internetseite des Eurostat nicht mehr abrufbar sind, habe ich die für Regionalstatistiken zuständigen Personen ausfindig gemacht und per E-Mail kontaktiert. Entgegen meinen Erwartungen erhielt ich bereits am selben Tag eine Rückmeldung und die fehlenden Daten wurden mir, soweit sie vorhanden waren, bereitwillig zur Verfügung gestellt. Auch auf spätere Anfragen reagierte man stets freundlich, zuvorkommend und innerhalb kurzer Zeit – gleich in welcher Sprache ich mein Anliegen formulierte.

Das Konzept einer dienstleistungsorientierten Verwaltung und die Werte Bürgernähe, Transparenz und Effizienz werden bei der EU erfreulicherweise schon in die Praxis umgesetzt.

1. Einleitung

„Große regionale Disparitäten [können] in einer Gemeinschaft nicht akzeptiert werden (…), wenn der Begriff der Gemeinschaft noch einen Sinn haben soll."[1]
Zu dieser Auffassung kommt der erste Kohäsionsbericht, der von der Europäischen Kommission 1996 auf Grundlage des Artikels 130 b des Vertrags über die Europäische Union[2] erarbeitet wurde. In diesem Bericht werden die Fortschritte bei der Verwirklichung der primärrechtlich verankerten Ziele der europäischen Regionalpolitik dargestellt.
Gemäß dem gesetzlichen Wortlaut verfolgt diese Politik die „Stärkung [des] wirtschaftlichen und sozialen Zusammenhalts, um eine harmonische Entwicklung der Gemeinschaft als Ganzes zu fördern".[3] Das angestrebte Ziel liegt in der Verringerung der „Unterschiede im Entwicklungsstand der verschiedenen Regionen und de[s] Rückstand[es] der am stärksten benachteiligten Gebiete oder Inseln, einschließlich der ländlichen Gebiete."[4]

Erst mit Inkrafttreten der Einheitlichen Europäische Akte im Jahr 1987 wurde der „wirtschaftliche und soziale Zusammenhalt" als neue Zuständigkeit in den Aufgabenkatalog der Europäischen Gemeinschaften aufgenommen.[5] Damit wurde der Grundstein für die europäische Regionalpolitik in ihrer heutigen Ausgestaltung gelegt, welche somit noch ein sehr junger Politikbereich der Europäischen Union ist.

Dabei stellten die unterschiedlichen Sprachen und Mentalitäten der einzelnen Mitgliedstaaten schon lange nicht die einzigen Herausforderungen der Union dar. Waren die sechs EGKS-Gründerstaaten Belgien, Deutschland, Frankreich, Italien, Luxemburg und Niederlande 1952 hinsichtlich ihrer ökonomischen Situation und Entwicklung recht homogen, so öffnete sich die Schere zwischen „armen" und „reichen" Ländern der Europäischen Union zunehmend mit den erfolgten Erweiterungen. Spätestens seit dem Beitritt der zwölf mittel- und osteuropäischen Länder (MOEL) ist

---

[1] KOM (1996), S. 13.
[2] Vertrag über die Europäische Union vom 7.2.1992, ABl. C 191 vom 29.7.1992, S. 26.
[3] Art. 158 Konsolidierte Fassung des Vertrags zur Gründung der Europäischen Gemeinschaft (EGV), ABl. C 325 vom 24.12.2002, S. 103.
[4] Vgl. ebenda
[5] Art. 23 Einheitliche Europäische Akte (EEA), ABl. L 169 vom 29.6.1987, S. 9.

eine deutliche Polarisation hinsichtlich des regionalen Entwicklungsstandes innerhalb der Union zu erkennen.

Um nun „den mit der Gründung der Europäischen Gemeinschaften eingeleiteten Prozess der europäischen Integration" tatsächlich „auf eine neue Stufe zu heben", wie es die Präambel zum Vertrag über die Europäische Union formuliert[6], ist es unabdingbar, dass die unterschiedlichen ökonomischen und sozialen Standards der Mitgliedsländer auf ein gleichwertiges Niveau gebracht werden.

Das Bestreben nach einer solchen Annäherung der Volkswirtschaften fand ebenfalls bereits Aufnahme in die Präambel des Vertrags über eine Europäische Wirtschaftsgemeinschaft von 1957. Die Verringerung des „Abstandes zwischen einzelnen Gebieten und den Rückstand weniger begünstigter Gebiete" wurde schon zu dieser Zeit als Grundlage „für einen immer enger werdenden Zusammenschluss der europäischen Völker" erkannt.[7]

In der Folge wurden erste Finanzierungsinstrumente, so genannte Strukturfonds, geschaffen, die negativen Entwicklungen entgegenwirken sollten und den Mitgliedstaaten in den unterschiedlichsten Bereichen finanzielle Unterstützung gewährten. Bis zur Reform der Strukturfonds im Jahr 1988[8] waren die Fonds jedoch nicht in ein Gesamtkonzept eingebettet, sondern wirkten unabhängig voneinander,
wodurch sich ihre Wirkung „gegenseitig neutralisieren oder sogar negativ verstärken" konnte.[9] Durch eine strategische Ausrichtung der Fonds unter dem Dach der heutigen Regionalpolitik wurde somit der Einsatz der Finanzinstrumente zunehmend effektiver gestaltet.

Während meines Studiums zur Diplom-Verwaltungswirtin habe ich mich intensiv mit europäischen Themen befasst und wurde im Rahmen eines studienbegleitenden Praktikums beim Verband Region Rhein-Neckar zum ersten Mal mit den Grundzügen der

---

[6] A.a.O., S. 1.

[7] Nicht im ABl. veröffentlicht, S. 165, http://eur-lex.europa.eu/de/treaties/dat/11957E/tif/
TRAITES_1957_CEE_1_XM_0174_x111x. pdf ; abgerufen am 25.09.2009.

[8] VO (EWG) Nr. 2052/88 des Rates vom 24.6.1988 über Aufgaben und Effizienz der Strukturfonds und über die Koordinierung ihrer Interventionen untereinander sowie mit denen der Europäischen Entwicklungsbank und der anderen vorhandenen Finanzinstrumente, ABl. L 185 vom 15.7.1988, S. 9-20.

[9] Hartwig, Ines (2006), S. 338-348.

16

europäischen Regionalpolitik vertraut. Dabei entwickelte ich schnell ein Interesse für die Zusammenhänge der europäischen Regionalförderung.

In der Erkenntnis über die Bedeutung der Regionalpolitik für die Einheit der Europäischen Union und deren Entwicklung vor dem Hintergrund der zahlreichen Erweiterungen, möchte diese Arbeit die europäische Regionalpolitik von ihren Anfängen im Jahr 1989 bis zur derzeitigen Förderperiode 2007-2013 beleuchten. Hierbei ist es interessant, der Frage nachzugehen, zu welchen Ergebnissen eine quantitative und qualitative Betrachtung der europäischen Regionalförderung hinsichtlich ihrer primärrechtlich verankerten Zielsetzung „Stärkung des wirtschaftlichen und sozialen Zusammenhalts" führt und inwiefern dies Aufschluss über den bereits verwirklichten wirtschaftlichen und sozialen Zusammenhalt der europäischen Regionen gibt.

Durch die vorliegende Studie erhalten Praktiker, die einen Grundeinstieg in die Thematik suchen und gegebenenfalls vor der Entscheidung stehen, selbst ein durch europäische Strukturfonds gefördertes Projekt zu leiten, neben dem Verständnis über wesentliche Grundzüge und Instrumente der aktuellen Regionalpolitik auch einen Überblick über die Entwicklungen im Laufe der bisherigen Förderperioden.

Hierzu erfolgt zunächst eine Erläuterung der grundlegenden strukturpolitischen Elemente der europäischen Regionalpolitik. Hierfür werden insbesondere Rechtsgrundlagen und Veröffentlichungen der Europäischen Kommission, aber auch einschlägige Literatur zum Thema Struktur- und Kohäsionspolitik zu Rate gezogen. Im Anschluss werden repräsentative Indikatoren für die Darstellung des wirtschaftlichen und sozialen Zusammenhalts benannt, die Grundlagen für eine quantitative Betrachtung der Entwicklungen jeder Förderperiode im darauf folgenden Abschnitt sind. Das überwiegende Datenmaterial stützt sich hierbei auf statistische Erhebungen des Statistischen Amts der Europäischen Union (Eurostat) und wurde entsprechend aufbereitet und zusammengestellt.

Neben einer quantitativen Betrachtung spielen jedoch auch qualitative Faktoren eine Rolle, welche zwar zahlenmäßig schwer zu fassen, aber in der Realität von großer Bedeutung sind, da sie dem Zusammenhalt in der EU einen ideellen Wert beimessen. Nach einer kurzen Darstellung dieser qualitativen Dimension der europäischen Regionalpolitik ergibt sich neben dem objektiven Zahlenmaterial zweite Betrachtungsweise der Thematik.

In einer Schlussbetrachtung werden die Ergebnisse schließlich noch einmal zusammengefasst.

Aufgrund der zahlreichen Facetten und Möglichkeiten dieses Thema aufzubereiten, ist es nicht Anspruch dieser Studie, ein allgemeingültiges Urteil über die Effektivität der europäischen Regionalpolitik zu fällen. Jeder Mitgliedstaat steht vor individuellen Herausforderungen, die aus der Historie gewachsen oder aufgrund der geografischen Lage bedingt sind, sodass die tatsächliche (subjektive) Erfahrung des Mehrwertes der europäischen Regionalpolitik ganz unterschiedlich ausfallen wird. Vielmehr soll durch die gewonnenen und dargestellten Erkenntnisse eine Grundlage geschaffen werden, die weitergehende Überlegungen darüber erlaubt, ob die europäische Regionalpolitik ihrem Anspruch, „auf eine ausgewogene und nachhaltige Entwicklung der europäischen Regionen hinzuarbeiten"[10], gerecht wird.

---

[10] KOM (2008a), S.1.

2. Grundlagen

In diesem Abschnitt sollen zunächst die Grundlagen und Ziele der europäischen Regionalpolitik dargestellt werden, bevor eine weitergehende Untersuchung in Abschnitt drei erfolgt.

Nach einer Erläuterung von zentralen Begriffen, welche für das Grundverständnis wichtig sind, werden die strukturpolitischen Elemente der europäischen Regionalpolitik im Einzelnen dargestellt. Daran anschließend werden Indikatoren festgelegt, anhand derer die Entwicklungen der regionalen Unterschiede in Abschnitt drei betrachtet werden.

2.1. Regionen – eine Definition nach NUTS

Regionalpolitik bezeichnet alle politischen, ökonomischen und finanziellen Maßnahmen, deren Ziel es ist, auf die regionale Entwicklung, den Städtebau und den Ausbau der Infrastruktur so einzuwirken, dass ökonomischen, sozialen und ökologischen Veränderungen Rechnung getragen wird.[11]

Laut Auffassung des Bundesministeriums für Wirtschaft und Technologie liege „in der deutschen wie in der europäischen Regionalpolitik (…) die primäre Zielsetzung auf der Unterstützung strukturschwacher Regionen."[12] Durch den Ausgleich regionaler Standortnachteile soll den Regionen der Anschluss an die allgemeine Wirtschaftsentwicklung ermöglicht und regionale Entwicklungsunterschiede abgebaut werden.[13]

Bevor eine nähere Auseinandersetzung mit der europäischen Regionalpolitik erfolgen kann, ist es zuallererst erforderlich, näher zu definieren, was unter dem Begriff „Region" auf europäischer Ebene zu verstehen ist.

Bereits aus dem Handwörterbuch des politischen Systems der Bundesrepublik Deutschland geht hervor, dass „Regionen als sub-nationale Teilräume (…) nicht allgemein definierbar" sind. Dies liege daran, dass „ihre räumliche Abgrenzung (…) immer von der politisch rechtlichen Stellung im jeweiligen politischen System

---

[11] Vgl. Schubert/Klein (2006), S. 251.
[12] http://www.bmwi.de/BMWi/Navigation/Wirtschaft/Wirtschaftspolitik/regionalpolitik.html, abgerufen am: 30.11.2009.
[13] Vgl. ebenda.

und/oder von einer Auswahl aus einer Vielzahl möglicher Abgrenzungskriterien" abhänge.[14]

Das Statistische Amt der Europäischen Union Eurostat greift zur Begriffsbestimmung seinerseits auf das englische Wörterbuch The Concise Oxford Dictionary zurück[15] und definiert auf dessen Grundlage eine Region zunächst als „einen räumlichen Bereich mit mehr oder weniger deutlich erkennbaren Grenzen, der häufig als Verwaltungseinheit auf einer Ebene unterhalb der des Nationalstaates dient".[16]

Angesichts der regionalen Vielfalt der EU, welche z.B. durch die Gebietsgröße und Bevölkerungsdichte, um nur zwei Differenzierungsmerkmale zu nennen, zum Ausdruck kommt, erscheint diese allgemeine Definition des Regionenbegriffs jedoch unzureichend, insbesondere wenn man sich für das gesamte Gebiet der Union um eine einheitliche Definition bemüht. Verfolgte man eine Klassifizierung nach regionalspezifischen Merkmalen wie physische Beschaffenheit (Gebirge, Küste, Klima) oder kulturelle Besonderheit (Sprache, ethische Herkunft , Historie), würde wiederum die regionale Grenzeneinteilung in allen Mitgliedstaaten unterschiedlich ausfallen und dies eine einheitliche Festlegung unmöglich machen.

In Ermangelung einer zufriedenstellenden Definition wurde Anfang der 70er Jahre die Systematik der Gebietseinheiten für die Statistik (NUTS)[17] von Eurostat entwickelt. Damit war zum ersten Mal eine einheitliche und konsequente territoriale Untergliederung der EU vorhanden. Durch die Einführung von NUTS konnten nun Regionalstatistiken erstellt werden, welche nach wie vor als objektive Grundlage für politische Entscheidungen, z.B. für die Zuweisung der Strukturfondsmittel im Rahmen der Kohäsionspolitik, dienen.

Bis zum Jahre 2003 verfügte die NUTS jedoch über keine rechtliche Grundlage, sondern wurde, beruhend auf sogenannten „Gentlemen's Agreements", also mündlichen Vereinbarungen zwischen Eurostat und den EU-Mitgliedstaaten, angewendet und ak-

---

[14] Andersen, Uwe/Woyke, Richard (2003), S. 541.
[15] Vgl. Eurostat (2003), S. 7.
[16] Eurostat (2008), S. 2.
[17] Die Abkürzung NUTS ist auf die französische Bezeichnung „Nomenclature des unités territoriales statistique" zurückzuführen.

tualisiert.[18] Dies brachte zwei große Nachteile mit sich, welche auch in einer Stellungnahme des Ausschusses der Regionen Erwähnung fand. Zum einen gewährte die Situation bis dato keine Rechtssicherheit bei entsprechenden Verweisen in den Förderprogrammen und zum anderen kam es zu Meinungsverschiedenheiten und Spannungen zwischen Eurostat und den nationalen Statistikämtern, was zu ungleichen statistischen Einteilungen führte.[19]

Dieser Harmonisierungsbedarf mündete schließlich im Mai 2003 in eine Verordnung über die Schaffung einer gemeinsamen Klassifikation der Gebietseinheiten für die Statistik[20], welche im Zuge der EU-Erweiterungen in den Jahren 2004 und 2007 entsprechend angepasst wurde. Somit konnte dem Ziel „einen möglichst reibungslosen Umgang mit den unvermeidlichen Veränderungen in den Verwaltungsstrukturen der Mitgliedstaaten (...) und [die Geringhaltung des] Einflusses dieser Veränderungen auf die Verfügbarkeit und Vergleichbarkeit von Regionalstatistiken" Rechnung getragen werden.[21]

Zu den Grundprinzipien der Klassifizierung gehören zum einen die Orientierung anhand normativer Kriterien und zum anderen die hierarchische Gliederung in regionale und lokale Ebenen.
Maßgebend für die Bestimmung einer Gebietseinheit sind demnach die Verwaltungseinheiten der Mitgliedstaaten. Die Verordnung definiert diese als „geografische Gebiete mit einer Verwaltungsbehörde, die befugt ist, innerhalb des gesetzlichen und institutionellen Rahmens des Mitgliedstaats Verwaltungsentscheidungen oder politische Entscheidungen für dieses Gebiet zu treffen."[22] Ein weiteres Kriterium stellt die Bevölkerungsgröße dar. Der Vorteil dieser Einteilung liegt darin, dass insbesondere das erste Kriterium meist gesetzlich verankert und somit weithin akzeptiert und relativ stabil ist.

---

[18] Helmcke, Thomas (2008), S. 208.
[19] Vgl. Stellungnahme des Ausschusses der Regionen zu dem „Vorschlag für eine Verordnung des Europäischen Parlaments und des Rates über die Schaffung einer gemeinsamen Klassifikation der Gebietseinheiten für die Statistik (NUTS)", ABl. C 107 vom 3.5.2002, S. 54.
[20] VO (EG) Nr. 1059/2003 des Europäischen Parlaments und des Rates vom 26. Mai 2003 über die Schaffung einer gemeinsamen Klassifikation der Gebietseinheiten für die Statistik
(NUTS), ABl. L 154 vom 26.5.2003, S. 1.
[21] Eurostat (2007), S. 9.
[22] A.a.O., S. 3.

Die hierarchische Struktur der NUTS ist charakterisiert durch die Unterteilung des Gebietes eines jeden Mitgliedstaates in Regionen der Ebene NUTS 1, welche wiederum in Regionen der Ebene NUTS 2 und selbige in Regionen der NUTS 3–Ebene untergliedert werden. Übertragen auf Deutschland entsprächen die 16 Bundesländer somit der NUTS 1-, die Regierungsbezirke der NUTS 2- und die Kreise bzw. kreisfreien Städte der NUTS 3- Ebene.

Unterhalb der NUTS- Ebenen wurden zudem zwei Ebenen der lokalen Verwaltungseinheiten, LAU 1 und LAU 2[23], eingeführt. Diese entsprächen in Deutschland im ersten Falle den Verwaltungsgemeinschaften und im zweiten Falle den kreisangehörigen Gemeinden. Für die europäische Regionalpolitik ist diese Einteilung jedoch nicht näher von Bedeutung, weshalb hier auf eine weitergehende Ausführung verzichtet wird.

Aufgrund der Ober- und Untergrenzen hinsichtlich der Bevölkerungszahl zur Festlegung einer NUTS-Ebene ergibt sich die Anzahl der NUTS-Regionen für die gesamte EU und beispielhaft für Deutschland nach der derzeit geltenden Verordnung über die Schaffung einer gemeinsamen Klassifikation der Gebietseinheiten für die Statistik wie folgt:

Ebene	Anzahl EU-27	Anzahl Deutschland	Untergrenze der Bevölkerungszahl	Obergrenze der Bevölkerungszahl
NUTS 1	97	16	3.000.000	7.000.000
NUTS 2	271	39	800.000	3.000.000
NUTS 3	1303	429	150.000	800.000

Tabelle 1: Übersicht über die Anzahl der NUTS-Regionen in der EU[24]

Trotz des Bestrebens die verschiedenen Regional- und Verwaltungsstrukturen der Mitgliedstaaten ein und derselben NUTS-Ebene zuzuordnen[25], muss jedoch darauf hingewiesen werden, dass auch innerhalb der NUTS-Ebenen weiterhin erhebliche Unterschiede zwischen den Regionen herrschen und man keinesfalls von einer an allgemeinen Merkmalen bestimmbaren europäischen Region sprechen kann.

---

[23] Die Abkürzung LAU leitet sich ab von der englischen Bezeichnung „Local Administration Unit".
[24] Eigene Zusammenstellung basierend auf Eurostat (2008), S. 7, 9.
[25] Eine tabellarische Übersicht über die entsprechenden administrativen Bezeichnungen kann dem Anhang A1: Die NUTS-Ebenen und ihre entsprechenden Verwaltungseinheiten entnommen werden.

So beläuft sich z.B. die Fläche der kleinsten NUTS 2-Ebene Estlands gerade einmal auf 13 km², während die kleinste NUTS 2-Ebene Litauens eine Fläche von 62.290 km² aufweist. Auch hinsichtlich der Bevölkerungszahl unterscheiden sich die NUTS-Regionen untereinander deutlich. Während sich die NUTS 2- Region mit der geringsten Bevölkerungszahl in Finnland befindet (27.000 EW), hat die kleinste NUTS 2-Region Lettlands 3.414.000 Einwohner.[26] Die Heterogenität der Regionen zeigt sich jedoch auch in qualitativen Faktoren, wie z.B. der Wirtschaftskraft oder der geographischen Lage. NUTS 2-Regionen befinden sich somit sowohl in Gebieten äußerster Randlage, wie beispielsweise die vier französischen überseeischen Departements oder die Kanarischen Inseln, aber auch in abgelegenen Bergregionen, oder in urbanen Ballungszentren auf dem Festland.

Das übergeordnete Ziel der europäischen Regionalpolitik besteht in der Verringerung des Gefälles zwischen den einzelnen Regionen und der Verminderung des Rückstands der am stärksten benachteiligten Gebiete um zu einer harmonischen Entwicklung der gesamten Gemeinschaft beizutragen.[27] Im Zentrum der Politik stehen die NUTS 2-Regionen. Auch wenn operationelle Programme auf der höheren NUTS 1- oder sogar auf nationaler Ebene ausgearbeitet werden, bezieht sich die Förderwürdigkeit von EU-Programmen und die finanzielle Unterstützung durch die Strukturfonds fast ausschließlich auf die NUTS 2-Regionen.
Die von Eurostat eingeführte Gebietssystematik stellt somit eine wesentliche Grundlage für die Regionalpolitik der EU dar, die objektive Entscheidungen ermöglicht. Mit der Einführung der Verordnung über die Schaffung einer gemeinsamen Klassifikation der Gebietseinheiten für die Statistik verfügen diese nun auch über ein rechtssicheres Fundament, wodurch zukünftige Meinungsverschiedenheiten weitgehend aus dem Weg geräumt wurden.

---

[26] Eurostat (2007), S. 16 f.
[27] Vgl. KOM (2002a), S. 45.

2.2. Strukturpolitische Elemente der europäischen Regionalpolitik

Seit 1989 erfolgt die finanzielle Förderung von Regionen im Rahmen der europäischen Regionalpolitik in mehreren Zeitabschnitten oder auch Förderperioden. Für jeden Zeitraum wird eine bestimmte Anzahl von Zielen formuliert, welche unterschiedliche förderthematische Schwerpunkte verfolgen.[28]

Die Förderung erfolgt durch die nachfolgend näher erläuterten Finanzinstrumente, wobei den Struktur- und dem Kohäsionsfonds die größte Bedeutung zukommt. Die Verwaltung und Zuweisung der Finanzmittel erfolgt im Rahmen der Programmplanung auf einem 3-Ebenen System (Europäische Kommission, nationale Behörden, Projektträger). Auch wenn die Vorschriften diesbezüglich ständig erneuert und vereinfacht wurden, lässt sich der grundlegende Ablauf wie folgt darstellen:

<u>Das Verfahren der Programmplanung in seinen Grundzügen</u>

1. Die Europäische Kommission schlägt Leitlinien vor.
2. Die Mitgliedstaaten formulieren unter Berücksichtigung der Leitlinien Programmpläne, in denen sie den Einsatz der finanziellen Mittel und ihre dadurch verfolgten Prioritäten und Ziele darstellen.
3. Die Kommission genehmigt die Programme und überweist einen Vorschuss an die von den Mitgliedstaaten eingerichtete Zahlstelle, damit die Programme anlaufen können.
4. Die von den Mitgliedstaaten beauftragte Verwaltungsbehörde wählt die Projekte aus, die den Programmzielen am besten entsprechen.
5. Nach Projektbeginn leitet die Kommission die Zahlungen erst aufgrund der tatsächlich angefallenen und bescheinigten Kosten durch die Zahlstelle ein.
6. Regelmäßige Kontrollen erfolgen über die Zahlstelle und über Durchführungsberichte der Verwaltungsbehörde. Daneben überprüft ein nationaler Begleitausschuss die Qualität und Wirksamkeit der Durchführung der Interventionen.

Abbildung 1: Das Verfahren der Programmplanung in seinen Grundzügen[29]

---

[28] siehe Anhang A2: Überblick über die Förderperioden der europäischen Regionalpolitik.
[29] Eigene Darstellung basierend auf KOM (2004a), S. 18 f. und KOM (2001), S. 5 ff.

Die Verwaltung der Fondsmittel erfolgt auf der Grundlage von Prinzipien, die aus der Verordnung (EG) Nr. 1260/1999 des Rates mit allgemeinen Bestimmungen über die Strukturfonds[30] hervorgehen. Darunter nehmen die Prinzipien der Subsidiarität und der Partnerschaft[31] zwischen der Europäischen Kommission und den nationalen Behörden einen hohen Stellenwert ein. Die dezentrale Durchführung und Verwaltung der Projekte durch die Mitgliedstaaten ging als ein wesentliches Merkmal aus diesen Prinzipien hervor und wurde im Zuge der erfolgten Änderungen in jeder Förderperiode kontinuierlich ausgebaut.

2.2.1. Die Finanzinstrumente

Zur Umsetzung der beschriebenen Zielsetzung der europäischen Regionalpolitik bedient diese sich mehrerer Finanzinstrumente, durch die förderfähige Regionen finanzielle Zuweisungen in Form von nicht rückzahlbaren Zuschüssen oder Darlehen erhalten. Die Festlegung von Höhe und Zusammensetzung der Ausgaben bei der Aufstellung des Haushalts der EU spielt somit für den finanziellen Spielraum eine bedeutende Rolle.

Seit der tief greifenden Reform des europäischen Finanzsystems im Jahre 1988 durch das so genannte Delors I-Paket, benannt nach dem damaligen Kommissionspräsidenten Jacques Delors, erfolgt die Finanzplanung für einen zunächst fünf- und ab 1993 siebenjährigen Zeitraum. Dementsprechend gestaltet sich die europäische Regionalpolitik in mehrjährigen Förderperioden.

In Interinstitutionellen Vereinbarungen einigen sich das Europäische Parlament, der Rat und die Europäische Kommission auf eine Finanzielle Vorausschau, in der sowohl eine Obergrenze für die Gesamtausgaben als auch die Aufteilung der Ausgaben auf die wichtigsten Ausgabenkategorien festgelegt wird.[32] Für diese Vereinbarungen gibt es jedoch im Vertrag keine Rechtsgrundlage. Sie stellen vielmehr eine politische Verpflichtung und Teil der loyalen Zusammenarbeit der Institutionen dar, welche innerhalb der ihnen rechtlich zugewiesenen Befugnisse handeln.[33]

---

[30] VO (EG) Nr. 1260/1999 des Rates vom 21.6.1999 mit allgemeinen Bestimmungen über die Strukturfonds, ABl. L 161 vom 26.6.1999, S. 11 f.
[31] Vgl. ebenda Art. 8.
[32] Siehe Anhang A4: Budgetaufteilung des EU-Haushalts auf die einzelnen Ausgabenkategorien.
[33] Vgl. KOM (2002a), S. 108.

Aufgrund der Bedeutung der Finanzinstrumente für die Förderung der Regionen sollen diese nun im Einzelnen näher vorgestellt werden.

2.2.1.1. Struktur- und Kohäsionsfonds

Die finanzielle Förderung durch die Struktur- und den Kohäsionsfonds ist „die konkreteste und materiell bedeutsamste Ausprägung europäischer Regionalpolitik".[34] Der Anteil des Budgets am Gesamthaushalt der EU ist mit jeder Förderperiode gestiegen und beläuft sich für den aktuellen Förderzeitraum 2007-2013 auf 35,64 Prozent, also mehr als einem Drittel, während er in der ersten Förderperiode von 1989-1993 nur 24,79 Prozent des Gesamthaushalts beanspruchte.[35] Nach der Gemeinsamen Agrarpolitik stellen strukturpolitische Maßnahmen somit den Politikbereich mit dem zweitgrößten Ausgabenposten dar.

Jeder Fonds stellt für einen spezifischen Themenbereich finanzielle Mittel bereit. Bis zum Jahre 2006 waren die Fonds insbesondere in folgenden Bereichen tätig (Interventionsformen)[36]:

1. Finanzierung von Programmen im Rahmen der Zielsetzungen
2. Finanzierung von Programmen im Rahmen der Gemeinschaftsinitiativen[37]

Der größte Teil der Mittel konzentriert sich auf die Ziele der jeweiligen Förderperiode.[38] Welche Zielgebiete letztlich die Strukturmittel erhalten, ergibt sich aus den jeweils zugrunde liegenden Förderkriterien. Neben der finanziellen Förderung gibt es jedoch immer eine nationale oder regionale Kofinanzierung aus öffentlichen oder privaten Mitteln, sodass ein Programm niemals völlig durch den EU-Haushalt getragen wird.[39] Die Anteile der Fondsmittel variieren dabei je nach Region und umgesetzten Ziel. Die Wurzeln einiger Fonds reichen zum Teil bis zur Gründungszeit der EU zurück und existieren somit schon lange vor der Strukturfondsreform im Jahre

---

[34] Keune, Christian (2007), S. 6.

[35] Siehe Anhang A4: Budgetaufteilung des EU-Haushalts auf die einzelnen Ausgabenkategorien.

[36] vgl. Art. 9e) der VO (EG) Nr. 1260/1999, ABl. L 161 vom 26.6.1999.

[37] In der aktuellen Förderperiode 2007-2013 gibt es keine Gemeinschaftsinitiativen mehr. Die Förderung durch die Fonds konzentriert sich somit allein auf die Programme im Rahmen der Ziele.

[38] Siehe Anhang A5: Anteil der Ziele und Gemeinschaftsinitiativen am Gesamtbudget der europäischen Regionalpolitik.

[39] Vgl. Art. 11 der VO (EG) Nr. 1260/1999, ABl. L 161 vom 26.6.1999.

1988. Die folgende Übersicht stellt die Fonds und ihre thematische Ausrichtung näher vor:

Jahr der Einrichtung	Name der Fonds	Thematische Ausrichtung (Auswahl)
1958	Europäischer Sozialfonds (ESF)	- Verhinderung und Bekämpfung der Arbeitslosigkeit - Förderung allgemeiner Bildung und Weiterbildung - Soziale Integration in den Arbeitsmarkt
1962	Europäischer Ausrichtungs- und Garantiefonds für die Landwirtschaft (EAGFL, Abteilung Ausrichtung)[40]	- Entwicklung des ländlichen Raums - Verbesserung der Verarbeitung und Vermarktung landwirtschaftlicher Erzeugnisse
1975	Europäischer Fonds für regionale Entwicklung (EFRE)	- Investitionen in Infrastrukturen - Schaffung von Arbeitsplätzen - Förderung der Wettbewerbsfähigkeit von KMU - Investitionen in Umwelt - Stärkung der Forschung und technologischen Entwicklung
1993	Finanzinstrument für die Ausrichtung der Fischerei (FIAF)	-Verstärkung der Wettbewerbsfähigkeit von Unternehmen der Fischereiindustrie - Gleichgewicht der Fischereiressourcen und ihrer Nutzung
1994	Kohäsionsfonds	- Investitionen in Umweltschutz und transeuropäische Verkehrsnetze

Tabelle 2: Die Fonds im Überblick[41]

---

[40] Die Abteilung Garantie übernimmt Ausgaben im Zusammenhang mit dem Politikbereich der Gemeinsamen Agrarpolitik.

[41] Eigene Zusammenstellung auf der Grundlage von:

Während die Finanzinstrumente ESF, EAGFL, EFRE und FIAF auch als Strukturfonds bezeichnet werden, hat der Kohäsionsfonds bis zur derzeitigen Förderperiode 2007-2013 eine besondere Stellung eingenommen und sich sozusagen eher „als Vetter ersten Grades und nicht so sehr als enges Familienmitglied"[42] der Fonds präsentiert.

Seine Einführung im Jahr 1994 sollte der Heranführung wirtschaftlich schwacher Mitgliedstaaten an die Währungsunion dienen und war in dem Paradox begründet, dass die ärmsten Mitgliedstaaten, um ihre Wachstumskapazitäten zu steigern, hohe Investitionen tätigen, gleichzeitig jedoch das Haushaltsdefizit gering halten mussten, um die Konvergenzkriterien des Stabilitäts- und Wachstumspaktes, u.a. eine maximale Neuverschuldung von drei Prozent des Bruttoinlandsprodukts (BIP), einzuhalten.[43]

Um diesem Problem entgegenzuwirken, leistet der Kohäsionsfonds eine finanzielle Unterstützung in Höhe von 85 Prozent der förderfähigen Ausgaben für diejenigen Mitgliedstaaten, deren Pro-Kopf-BIP unter 90 Prozent des EU-Durchschnittes liegt.[44]

Zu Beginn waren dies die sogenannten Kohäsionsländer Spanien, Irland (bis 2003), Griechenland und Portugal[45] und nach der Erweiterung im Jahre 2004 auch die zehn neuen Mitgliedsländer in Mittel- und Osteuropa.

Im Gegensatz zu den Strukturfonds haben somit nicht alle Länder einen Anspruch auf die Förderung durch den Kohäsionsfonds. Zudem ist diese auch an bestimmte Bedingungen geknüpft (Grundsatz der Konditionalität), u.a. beispielsweise die Einhaltung der oben erwähnten Konvergenzkriterien.

- KOM (2004a), S. 5.
- VO (EG) Nr. 1081/2006 des Europäischen Parlaments und des Rates vom 5.7.2006 über den Europäischen Sozialfonds und zur Aufhebung der VO (EG) Nr. 1784/1999, ABl. L 210 vom 31.7.2006, S. 12 ff.
- VO (EG) Nr. 1257/1999 des Rates vom 17.5.1999 über die Förderung der Entwicklung des ländlichen Raums durch den Europäischen Ausrichtungs- und Garantiefonds für die Landwirtschaft (EAGFL) und zur Änderung bzw. Aufhebung bestimmter Verordnungen, ABl L 160 vom 26.6.1999, S. 80 ff.
- VO (EG) Nr. 1080/2006 des Europäischen Parlaments und des Rates vom 5.7.2006 über den Europäischen Fonds für Regionale Entwicklung und zur Aufhebung der VO (EG) Nr. 173/1999, ABl. L 210 vom 31.7.2006, S. 1 ff.
- VO (EG) Nr. 1263/1999 des Rates vom 21.6.1999 über das Finanzinstrument für die Ausrichtung der Fischerei, ABl. L 161 vom 26.6.1999, S. 54 ff.
- VO (EG) Nr. 1084/2006 des Rates vom 11.7.2006 zur Errichtung des Kohäsionsfonds und zur Aufhebung der VO (EG) Nr. 1164/94, ABl. L 210 vom 31.7.2006, S. 79 ff.

[42] KOM (2004b), S. 3.
[43] Vgl. ebenda.
[44] Vgl. http://ec.europa.eu/regional_policy/funds/procf/cf_de.htm, abgerufen am 18.11.2009.
[45] KOM (2004b), S.3.

28

In der aktuellen Förderperiode ist der Kohäsionsfonds mit den Strukturfonds gleich-gestellt. Das bedeutet, dass er nun nicht mehr von der Europäischen Kommission zu genehmigende einzelne Projekte finanziert, sondern stattdessen ganze Programme, aufgrund derer die nationalen und regionalen Behörden die Projekte auswählen und verwalten. Kommt es somit im Falle der Nichteinhaltung der Förderbedingungen zu einer Aussetzung der Zahlung, hat dies nun schwerwiegendere Folgen, da davon alle Projekte eines Programms und nicht nur ein Einzelprojekt betroffen sind. Weitere Angleichungen gab es auch hinsichtlich der Regeln für die Programmplanung, Ver-waltung und Kontrolle, was künftig einen geringeren Verwaltungsaufwand für die Mitgliedstaaten bedeutet.

2.2.1.2. Die Europäische Investitionsbank

Wie bereits erläutert, basiert die Förderung durch die Fonds auf einem Konzept der Kofinanzierung durch die Mitgliedstaaten. Die Summe der zu bereitstellenden natio-nalen Eigenmittel kann jedoch trotzdem noch sehr hoch ausfallen. Um die Kofinan-zierung zu gewährleisten, können die Mitgliedstaaten zinsgünstige Kredite bei der Europäischen Investitionsbank (EIB) aufnehmen.

Die EIB wurde 1958 durch den Vertrag von Rom errichtet, um „zu einer ausgewoge-nen und reibungslosen Entwicklung des Gemeinsamen Marktes im Interesse der Ge-meinschaft beizutragen".[46]

Die auch als „Hausbank der EU"[47] bezeichnete Finanzinstitution befindet sich im Be-sitz der Mitgliedstaaten. Deren Anteile am Kapital zeichnen sich nach einem Schlüs-sel, der ihre wirtschaftliche Leistungsfähigkeit widerspiegelt.
Sie ist eine Bank ohne Erwerbszweck und unterscheidet sich von den Geschäftsban-ken dadurch, dass sie keine Privatkonten verwaltet, Schaltergeschäfte führt, keine private Anlagenberatung erteilt und auch keine Einlagen entgegennimmt. Ihre Auf-gabe liegt einzig und allein in der Vergabe von langfristigen Darlehen für Investiti-onsvorhaben an öffentliche und private Investoren in Übereinstimmung mit den Poli-tiken und zur Verwirklichung von Zielen der EU.

---

[46] Art. 130 EWGV.
[47] Vgl. http://www.europa-digital.de/dschungelbuch/nochorg/eib/, abgerufen am 05.12.08.

Auch Projekte außerhalb der EU können Darlehen von der EIB erhalten. So geht ein Teil der Finanzierungen an künftige Mitgliedstaaten aber auch an nichteuropäische Länder im Rahmen der Entwicklungspolitik.[48]

2.2.1.3. Die beitrittsvorbereitenden Hilfen

Die Förderung durch die Strukturfonds und den Kohäsionsfonds können nur Mitgliedstaaten der EU in Anspruch nehmen. Für die Beitrittskandidaten wurden jedoch weitere Finanzinstrumente eingerichtet, die Heranführungshilfen, welche neben EIB-Darlehen den Beitritt und somit die Anpassung an die gemeinschaftlichen Standards und die Erfüllung der Beitrittskriterien erleichtern und unterstützen sollen.

Das älteste und zugleich wichtigste Instrument ist PHARE.[49] Es wurde 1989 „zur Unterstützung des Reformprozesses in Polen und Ungarn eingesetzt, im besonderen durch Finanzierung oder Beteiligung an der Finanzierung von Vorhaben zur wirtschaftlichen Umgestaltung".[50] Nach und nach wurde PHARE auf sämtliche MOEL ausgeweitet und damit stieg gleichzeitig auch das Budget. Wurden 1989 noch 300 Mio. ECU[51] bereitgestellt[52], waren es in der Förderperiode 2000-2006 bereits 4.650 Mio. Euro.[53] Die finanziellen Mittel von PHARE konzentrierten sich auf zwei Schwerpunkte: die Stärkung der Institutionen und Verwaltungen und die Finanzierung von Investitionen in den Bereichen Umwelt, Verkehr und Industrie.

---

[48] Vgl. http://europa.eu/institutions/financial/eib/index_de.htm und http://www.europa-digital.de/dschungelbuch/nochorg/eib/kompetenzen.shtml, abgerufen am 18.11.2009.

[49] Poland and Hungary: Aid for Restructuring of the Economies

[50] Art. 3 Abs. 1 der VO (EWG) des Rates vom 18.12.1989 über Wirtschaftshilfe für die Republik Ungarn und die Volksrepublik Polen, ABl. L 375 vom 23.12.1989, http://www.ena.lu/ verordnung_390689_rates_uber_wirtschaftshilfe_republik_ungarn_volksrepublik_polen_dezember_1989-3-11189, abgerufen am 15.1.2010.

[51] European Currency Unit, von 1979-1998 eine reine Rechnungs- bzw. fiktive Währungseinheit, welche im Verhältnis 1:1 in den Euro umgewandelt wurde (vgl. Art.2 Abs.1 der VO 1103/97 des Rates vom 17.6.1997 über bestimmte Vorschriften im Zusammenhang mit der Einführung des Euro, ABl. L 162, S. 3, vom 17.6.1997, S. 1).

[52] Art. 2 der VO (EWG), ABl. L 375 vom 23.12.1989.

[53] Art. 1 Abs. 4 der VO (EG) Nr. 2666/2000 des Rats vom 5.12.2000 über die Hilfe für Albanien, Bosnien und Herzegowina, Kroatien, die Bundesrepublik Jugoslawien und die ehemalige jugoslawische Republik Mazedonien und zur Aufhebung der VO (EG) Nr. 1628/96 sowie zur Änderung der VO(EWG) Nr. 3906/89 und Nr. 1360/90 sowie der Beschlüsse 97/256/EG und 1999/311/EG ABl. L 306 vom 7.12.2000.

1999 wurde PHARE durch die beitritsvorbereitenden Hilfen Sapard[54] und ISPA[55] ergänzt. Während Sapard die nachhaltige Landwirtschaft und die nachhaltige Entwicklung des ländlichen Raums unterstützte[56], trug ISPA, ähnlich wie der Kohäsionsfonds, zur Verbesserung der Infrastrukturnetze in den Bereichen Umwelt und Verkehr bei.[57]

Die Unterstützung durch PHARE wurde nach dem Beitritt der Staaten von den Strukturfonds EFRE und ESF weitergeführt. Entsprechend wurde Sapard vom EAGFL, Abteilung Ausrichtung und ISPA vom Kohäsionsfonds abgelöst.[58]
In der aktuellen Förderperiode 2007-2013 werden alle drei Heranführungshilfen von dem eingerichteten Finanzierungsinstrument IPA[59] ersetzt, welches seinen Wirkungsbereich auf die fünf Komponenten Aufbau von Institutionen, grenzüberschreitende Zusammenarbeit, regionale Entwicklung, Entwicklung der Humanressourcen und des ländlichen Raums beschränkt.[60]

2.2.2. Gemeinschaftsinitiativen

Neben der finanziellen Förderung von Programmen, die im Rahmen der Zielsetzungen von den Mitgliedstaaten aufgestellt werden, wird ein weitaus geringerer Anteil der Strukturfondsmittel für die Gemeinschaftsinitiativen bereitgestellt. Dieser betrug zwischen 1989 und 2006 in jeder Förderperiode unter zehn Prozent.[61]
Die Gemeinschaftsinitiativen stellen, zusätzlich zu den Zielen, Sonderprogramme dar, durch welche die Lösung von Problemen angegangen werden soll, die einigen bzw. allen europäischen Mitgliedstaaten und Regionen gemeinsam sind.

---

[54] Special accession programme for agriculture and rural development.
[55] Instrument for Structural Policy for Pre-accession.
[56] Art. 1 Abs.1 der VO (EG) 1268/1999 des des Rats vom 21.6.1999 über eine gemeinschaftliche Förderung für Maûnahmen in den Bereichen Landwirtschaft und Entwicklung des ländlichen Raumes zur Vorbereitung des Beitritts der Bewerberländer in Mittel- und Osteuropa während des Heranführungszeitraums, ABl. L 161 vom 26.6.1999.
[57] Art. 1 Abs.2 der VO (EG) Nr. 1267/1999 des Rats vom 21.6.1999 über ein strukturpolitisches Instrument zur Vorbereitung auf den Beitritt, ABl. L 161, vom 26.6.1999.
[58] KOM (2004a), S. 16.
[59] Instrument for Pre-accession Assistance.
[60] Art. 3 Abs. 1 der VO (EG) Nr. 1085/2006 des Rats vom 17.7.2006 zur Schaffung eines Instruments für Heranführungshilfe (IPA), ABl. L 210 vom 31.7.2006.
[61] Siehe Anhang A5: Anteil der Ziele und Gemeinschaftsinitiativen am Gesamtbudget der europäischen Regionalpolitik.

Im Gegensatz zu den in Abschnitt 2.2.1. genannten Finanzinstrumenten und den Zielsetzungen jeder Förderperiode haben die Gemeinschaftsinitiativen keinen Verordnungscharakter, sind somit also nicht gesetzlich festgelegt. Sie werden von der Europäischen Kommission erarbeitet und auf nationaler Ebene durchgeführt. Somit sind es nicht die Mitgliedstaaten, die die Schwerpunkte der Strukturfondsinterventionen im Rahmen der Ziele in ihren Programmen formulieren, sondern allein die Kommission, welche die Programme definiert und somit aus gemeinschaftlicher Sicht steuert. Gemeinschaftsinitiativen ergänzen somit die nationalen Politiken in speziellen Problembereichen.[62]

Die Anzahl der Gemeinschaftsinitiativen wurde seit den Anfängen der Kohäsionspolitik 1989 zunehmend reduziert, auch wenn daneben neue Gemeinschaftsinitiativen eingeführt wurden. Während die Strukturfonds in der ersten Förderperiode noch 16 Gemeinschaftsinitiativen finanzierten, gibt es in der aktuellen Förderperiode keine einzige mehr. Die kontinuierliche Reduzierung diente dabei der Vereinfachung und Übersichtlichkeit der Verwaltungsverfahren.[63]

In der aktuellen Förderperiode 2007-2013 wurden die beiden Gemeinschaftsinitiativen der vorhergehenden Förderperiode URBAN II und EQUAL in die ersten beiden Zielausrichtungen „Konvergenz" und „Regionale Wettbewerbsfähigkeit und Beschäftigung" aufgenommen. Die Gemeinschaftsinitiative LEADER + wird zusammen mit dem Strukturfonds EAGFL durch den Europäischen Landwirtschaftsfonds für die Entwicklung des ländlichen Raums (ELER) ersetzt. Dieser hat nun eigene rechtliche Grundlagen und ist somit nicht mehr teil der Kohäsionspolitik. Die Gemeinschaftsinitiative INTERREG III bildet nunmehr das Ziel 3 „Europäische Territoriale Zusammenarbeit", welches auch unter dem Namen INTERREG IV bekannt ist.[64]

---

[62] Vgl. Seyfried, Erwin (1994), S. 44.
[63] Im Anhang A3: Überblick über die Gemeinschaftsinitiativen sind für jede Förderperiode die jeweiligen Gemeinschaftsinitiativen und deren thematische Schwerpunkte dargestellt.
[64] Vgl. KOM (2007a), S.11.

2.3. Messung regionaler Disparitäten

Der folgende Abschnitt beleuchtet die Frage, anhand welcher Indikatoren regionale Disparitäten gemessen werden können. Nachdem zunächst allgemeine Vorüberlegungen angestellt werden, erfolgt eine Bestimmung von Messgrößen, die einen Vergleich von regionalen Unterschieden ermöglichen. Dabei werden die Indikatoren jeweils in Bezug auf die beiden vorrangigen Zielsetzungen der europäischen Regionalpolitik, „wirtschaftlicher und sozialer Zusammenhalt", formuliert. Die gewonnen Erkenntnisse stellen dabei die Grundlage für die weiteren Ausführungen in Abschnitt drei dar, in welchem die Entwicklungen der regionalen Unterschiede anhand der formulierten Indikatoren über den Zeitraum der vier Förderperioden hinweg betrachtet werden.

2.3.1. Vorüberlegungen

Um regionale Unterschiede vergleichen zu können, bedarf es zunächst der Festlegung von Indikatoren, die statistische Erhebungen bezüglich des gewünschten Merkmals über einen bestimmten Zeitraum ermöglichen. Das hieraus gewonnene Datenmaterial kann dann wiederum herangezogen werden, um Aussagen über die Entwicklungen der Betrachtungsgrößen zu treffen und Vergleiche anzustellen.

Ein Arbeitsdokument der Generaldirektion für Regionalpolitik definiert einen Indikator als „Maß für ein zu erreichendes Ziel, eine eingesetzte Ressource oder eine erzielte Wirkung, für eine erfasste Qualität oder für eine Kontextvariable. [Er] sollte eine Definition, einen Wert und eine Maßeinheit umfassen."[65]

Wie bereits erwähnt, liegt das Ziel dieser Arbeit in der Darstellung der regionalen Unterschiede im Kontext des von der Regionalpolitik angestrebten wirtschaftlichen und sozialen Zusammenhalts der EU. Die Bestimmung geeigneter Indikatoren steht dabei insbesondere vor folgenden Herausforderungen.

---

[65] KOM (2006b), S. 8

1. Ein Indikator muss auf alle EU-Mitgliedstaaten gleichermaßen anwendbar sein.
2. Es können nur Indikatoren gewählt werden, die auch durch die Maßnahmen der europäischen Regionalpolitik beeinflusst werden.
3. Statistische Daten müssen für den gesamten zu betrachtenden Zeitraum (1989-2008) und für alle oder zumindest für einen Großteil der EU-Mitgliedstaaten und deren Regionen verfügbar sein.
4. Die verfügbaren Daten müssen zudem über den gesamten Zeitraum hinweg vergleichbar sein.
5. Die Ergebnisse müssen überschaubar bleiben.

Die Verfügbarkeit von Daten über den gesamten Zeitraum hinweg, wurde bei der Erstellung dieser Studie oft zum Problemfall. Viele Kenngrößen sind auf der Internetseite des Eurostat nicht für die Zeit zwischen 1989 und den frühen 90er Jahren abrufbar. Selbst wenn dies der Fall war, lagen in bestimmten Fällen nicht für alle Regionen Zahlenwerte vor, was einen Vergleich nicht möglich gemacht hätte. Auf Anfrage bei Eurostat konnten mir jedoch glücklicherweise Daten aus früheren Jahren, sofern sie erhoben wurden, übermittelt werden. Somit basieren die in Abschnitt drei dargestellten Zahlen aus dieser Informationsquelle.

Des Weiteren kam erschwerend noch hinzu, dass es seit 1989 verschiedene Änderungen in der Einteilung der Regionen gab. Somit mussten Änderungen der Regionenklassifikation zum Teil unter zu Hilfenahme des Dokuments „European Regional Statistics – Changes in the NUTS classification 1981-1999"[66] verglichen werden. Eine Formulierung von Indikatoren war somit allein aus Gründen der Datenverfügbarkeit und -einheitlichkeit von vorne herein nur beschränkt möglich.

Da eine Darstellung von wirtschaftlichen und sozialen regionalen Unterschieden zweifellos durch eine Vielzahl von Indikatoren erfolgen kann, wird Überschaubarkeit nur dadurch gewahrt, dass die Betrachtung der Entwicklungen lediglich auf eine geringe Anzahl von Indikatoren basiert. Des Weiteren wird davon abgesehen, die jeweiligen Entwicklungen aller europäischen Regionen abzubilden. Betrachtet werden

---

[66] Eurostat (2002).

deshalb lediglich die statistischen Extremwerte auf Ebene der NUTS-2-Regionen sowie statistische Daten der EU-Mitgliedstaaten auf nationaler Ebene.

Eine solch vereinfachte Darstellung geht dabei allerdings zu Lasten eines möglichst umfassenden und realitätsnahen Datenvergleichs. Es wird somit sozusagen bewusst eine Wirklichkeitsreduktion in Kauf genommen, die sich insbesondere darin äußert, dass bestimmte Einflussfaktoren, die sich auf wirtschaftliche und soziale Entwicklungen auswirken, nicht berücksichtigt werden.

Eine solche Herangehensweise liefert jedoch trotzdem interpretierfähige Ergebnisse. Auch in der Volkswirtschaftslehre werden zur Darstellung eines Problems, wirtschaftswissenschaftliche Modelle herangezogen, welche „immer vereinfachte Abbildungen eines Ausschnitts aus der wirtschaftlichen Realität"[67] sind. „Mit Hilfe der ceteris-paribus-Methode (d.h. unter sonst gleichen Bedingungen) werden innerhalb der Modellbildung Schlussfolgerungen (…) gezogen, indem der Einfluss einer Größe (…) auf eine andere Größe (…) isoliert unter Konstantsetzung der übrigen Bedingungen untersucht wird."[68] Die britische Ökonomin Joan Violet Robinson beschreibt den Sinn von Modellen dementsprechend in einem Satz: „Ein Modell, das die ganze Buntheit der Wirklichkeit berücksichtigte, würde nicht nützlicher sein als eine Landkarte im Maßstab Eins zu Eins."[69]

Eine Beschränkung auf wenige Indikatoren zur Darstellung der Entwicklung regionaler Unterschiede in wirtschaftlicher und sozialer Hinsicht ist somit durchaus gerechtfertigt und einem aussagefähigen Ergebnis nicht abträglich. Dabei muss jedoch noch einmal ausdrücklich darauf hingewiesen werden, dass die gewonnenen Erkenntnisse nur den jeweils betrachteten Teil der Realität darstellen. Darüber hinausgehende Aussagen bedürfen einer Einbeziehung zusätzlicher Faktoren.

---

[67] Bontrup, Heinz-Joseph (2004), S. 17.
[68] Ebenda.
[69] Zitiert ebenda, S. 16.

2.3.2. Bestimmung eines Indikators zur Darstellung des wirtschaftlichen Zusammenhalts

Wirtschaftliche Indikatoren bzw. Konjunkturindikatoren „dienen dem Zweck, (…) Aussagen über den aktuellen Zustand der Konjunktur und ihre mögliche Entwicklung hinsichtlich des Auf- und Abschwungs machen zu können."[70] Je nach zeitlichem Bezug zum Konjunkturverlauf unterscheidet man zwischen führenden, gleichlaufenden und nachlaufenden Indikatoren.[71] Der Konjunkturverlauf an sich, also der Auf- und Abschwung der wirtschaftlichen Aktivität, wird in der Regel anhand des Bruttoinlandsprodukts (BIP) dargestellt. Das BIP ist die wichtigste Größe der Volkswirtschaftlichen Gesamtrechnungen und misst den in Geld ausgedrückten Wert aller im Inland hergestellten Waren und Dienstleistungen innerhalb eines Zeitraums (meist ein Jahr), sofern sie dem Endverbrauch dienen.[72] Somit ist es ein Indikator für die Produktionstätigkeit in einem Land oder in einer Region.

Da das BIP die gesamtwirtschaftliche Situation bzw. den Entwicklungsstand eines Landes oder einer Region darstellt, erscheint es sinnvoll, es auch als Indikator zur Messung regionaler Unterschiede in Bezug auf den wirtschaftlichen Zusammenhalt heranzuziehen.

Im Gegensatz zum Bruttonationaleinkommen (BNE) werden bei der Berechnung des BIP nur die erbrachten Leistungen innerhalb eines Landes berücksichtigt. Somit stehen die Daten allein in Bezug zu der jeweils betrachteten territorialen Einheit. Für einen Vergleich von Regionen ist das BIP somit entsprechend besser geeignet als das BNE, da dieses auch Leistungen mit einbezieht, welche im Ausland erbracht wurden.

Da die einzelnen Mitgliedstaaten der EU und deren Regionen unterschiedliche Einwohnerzahlen aufweisen, ist es erforderlich, das BIP pro Kopf für eine bessere Vergleichbarkeit der Daten heranzuziehen. Größenunterschiede werden dadurch relativiert. Es ist zudem nötig, für einen genaueren Vergleich Preisniveauunterschiede

---

[70] Winker, Peter (2007), S. 67.
[71] Vgl. ebenda.
[72] Vgl. http://www.destatis.de/jetspeed/portal/cms/Sites/destatis/Internet/DE/Presse/abisz/BIPtemplateId=renderPrint.psml, abgerufen am 13.11.2009.

zwischen den Ländern auszuschalten.[73] Zwar sind durch die Einführung des Euro als gemeinsame Währung nun Preisvergleiche zwischen den Mitgliedsstaaten möglich, trotzdem hat dieser in den einzelnen Ländern eine unterschiedliche Kaufkraft. Um diesem Problem aus dem Weg zu gehen, wird mit Hilfe so genannter Kaufkraftparitäten (KKP) eine künstliche gemeinsame Währung, ausgedrückt in Kaufkraftstandards (KKS), geschaffen. Dadurch werden Vergleiche zwischen den Regionen und Mitgliedsländern möglich.[74] Der Umrechnungsfaktor ist so festgesetzt, dass die durchschnittliche Kaufkraft eines Euro in der EU einem KKS entspricht.[75]

Die Heranziehung des BIP pro Kopf, ausgedrückt in KKS, als Indikator zur Messung regionaler Unterschiede in Bezug auf den wirtschaftlichen Zusammenhalt lässt sich auch damit begründen, dass es die wesentliche Anhaltsgröße zur Verteilung der Fördermittel der Strukturfonds auf die einzelnen Regionen ist.[76] So erhalten beispielsweise nur Regionen, die ein Pro-Kopf-BIP von weniger als 90 Prozent des Gemeinschaftsdurchschnitts aufweisen, Mittel aus dem Kohäsionsfonds und auch die Förderfähigkeit der Regionen im Rahmen von Ziel 1 richtet sich nach dem BIP. Dieses ist folglich eine wichtige Bezugsgröße für die europäische Regionalpolitik.

Darüber hinaus eignet sich das BIP pro Kopf in KKS für Vergleiche besonders gut, da über den gesamten Zeitraum von 1989 bis 2008 für die meisten Regionen Datenwerte vorliegen. Wie bereits erläutert, stellte diese Bedingung ein Hauptproblem bei der Festlegung von Indikatoren dar.

Allerdings ist der Nachteil dieses Indikators in der Tatsache begründet, dass das BIP wirtschaftliche Leistungen unabhängig davon betrachtet, ob diese von in einer Region wohnenden oder nicht dort wohnenden Beschäftigten erbracht wurde. Somit kommt es bei wirtschaftlichen Zentren wie London, Hamburg oder Luxemburg, die hohe Pendlerströme aufweisen, zu einem sehr hohen regionalen BIP pro Einwohner. Dieses darf somit nicht mit dem regionalen Primäreinkommen gleichgesetzt werden.[77]

---

[73] So auch: Eurostat (2008b), S. 51.
[74] Vgl. ebenda.
[75] Statistisches Bundesamt Deutschland (2007), S. 13.
[76] Eurostat (2006), S. 26.
[77] Vgl. Eurostat (2008b), S. 40.

Aus diesem Grund können keine Aussagen der Art getroffen werden, ob eine Region reicher oder ärmer als eine andere Region ist.[78]

Abschließend lässt sich festhalten, dass u.a. aus Gründen der Übersichtlichkeit und Datenverfügbarkeit, die Entwicklungen der regionalen Unterschiede vor dem Hintergrund des wirtschaftlichen Zusammenhalts in dieser Studie ausschließlich anhand des Indikators „BIP pro Kopf ausgedrückt in KKS" dargestellt werden. Da dieser Indikator Aussagen über die gesamtwirtschaftliche Situation einer Region liefert, stellt er, trotz etwaiger Nachteile, eine gute Messgröße dar, anhand der aussagefähige Vergleiche angestellt werden können.

2.3.2 Bestimmung eines Indikators zur Darstellung des sozialen Zusammenhalts

Bevor Indikatoren für die Darstellung des sozialen Zusammenhalts bestimmt werden können, ist es zunächst erforderlich, den Begriff des sozialen Zusammenhalts näher zu definieren und festzustellen, in welchem Bedeutungszusammenhang er von der europäischen Regionalpolitik verwendet wird.

Einführend lässt sich festhalten, dass eine allgemeine und von allen Organisationen gleich angewandte Definition des sozialen Zusammenhalts nicht existiert.[79] Die OECD greift dieses Problem in ihrem Dokument „Society at a Glance" aus dem Jahr 2006 auf und stellt folgendes fest: „Because of the lack of a commonly-accepted definition of the term, identifying suitable indicators is especially difficult."[80]

Allerdings kann man sich einer Definition annähern, indem man das Wort „sozial" mit dem Begriff „gesellschaftlich" gleichsetzt.[81] In einem weiteren Sinn wird „sozial" auch durch die Adjektive „gemeinnützig" und „menschlich" umschrieben.[82] Sozialer Zusammenhalt ließe sich demnach definieren, als Bereitschaft der Individuen einer Gesellschaft füreinander einzustehen, also solidarisch zu handeln. Die Beschreibung

---

[78] Vgl. Behrens, Axel (2003), S. 3.
[79] Vgl. OECD (2007), S. 16.
[80] ebenda. Aufgrund des Fehlens einer allgemein akzeptierten Definition des Begriffs, ist die Identifikation passender Indikatoren besonders schwierig (eigene Übersetzung).
[81] Quelle International (Hrsg.) (ohne Jahr), S. 399.
[82] Müller, Wolfgang et al. (1985), S. 594.

des sozialen Zusammenhalts als „Gefühl innerer Zusammengehörigkeit" ist dabei hauptsächlich auf subjektive, gefühlte Faktoren zurückzuführen.[83]

Aus Sicht der europäischen Regionalpolitik wird der soziale Zusammenhalt darüber hinaus jedoch in einem anderen Zusammenhang gesehen. Dem Wortlaut des ersten Kohäsionsberichts der Europäischen Kommission zufolge, liegt der Ansatzpunkt in der „Verknüpfung des sozialen Zusammenhalts mit den Zielen des europäischen Gesellschaftsmodells, dass auf dem Begriff der sozialen Marktwirtschaft basiert." Ziel ist somit „ein Wirtschaftssystem, das auf Marktkräften und Unternehmerfreiheit basiert, mit dem Streben nach interner Solidarität und gegenseitiger Unterstützung zu verbinden, das allen Mitgliedern der Gesellschaft den Zugang zur allgemeinen Grundversorgung und zu den Sozialleistungen sichert."[84] Soziale Zusammenhalt wird demnach verstärkt im wirtschaftlichen Kontext verstanden.

Das wichtigste strukturpolitische Finanzinstrument der europäischen Regionalpolitik, welches zum sozialen Zusammenhalt beiträgt, indem es „Investitionen in Menschen"[85] fördert, ist der ESF. Er wurde seinerzeit geschaffen, mit der Absicht „Beschäftigung zu fördern und die Möglichkeiten für Arbeitnehmer zu verbessern."[86] Gemäß Art. 162 AEUV[87] wird mit ihm das Ziel verfolgt, „zur Hebung der Lebenshaltung beizutragen". Vor diesem Hintergrund wird sozialer Zusammenhalt verstanden als Teilhabe am gesellschaftlichen und wirtschaftlichen Leben.

Neben sozialer Gerechtigkeit spielt somit auch die ökonomische Entwicklung eine tragende Rolle.[88]

Auf dieser Grundlage lassen sich nun Indikatoren zur Darstellung regionaler Unterschiede bezüglich des sozialen Zusammenhalts formulieren. Da wie in Abschnitt 2.3.1. erläutert, Indikatoren so gewählt werden müssen, dass sie auch durch Maßnahmen der europäischen Regionalpolitik beeinflusst werden, ist es sinnvoll sie aus dem Wirkungs- bzw. Förderbereich des ESF zu wählen.

---

[83] So auch Heibült, Jessica (2009), S.3, 11.

[84] KOM (1996), S. 13 f.

[85] KOM (2007b), S. 1.

[86] Ebenda.

[87] ABl. C 116 vom 9.5.2008.

[88] So auch Heibült, Jessica (2009), S. 6.

Die oben bereits angesprochene Problematik der Datenverfügbarkeit und Datenvergleichbarkeit, welche einer der Herausforderungen bei der Erstellung dieser Studie war, kommt dabei ganz besonders zu Tage. Der einzige definierbare Indikator, für den über die komplette Zeitspanne hinweg kontinuierlich erhobene Regionaldaten vorliegen und somit aussagefähige Vergleiche erst möglich sind, ist die Arbeitslosenquote ausgedrückt in Prozent der Erwerbspersonen.

Da das Anliegen des ESF die Schaffung eines besseren Zugangs zu Beschäftigung und die Teilnahme am Arbeitsmarkt ist, erscheint die Arbeitslosenquote auch zunächst als geeigneter Indikator für die Darstellung des sozialen Zusammenhalts.

Auch wenn der Fokus hauptsächlich auf der Integration benachteiligter und behinderter Menschen in den Arbeitsmarkt liegt, macht es insbesondere auch aus Gründen der Datenverfügbarkeit Sinn, die allgemeine Arbeitslosenquote einer Region oder eines Mitgliedstaates als Indikator heranzuziehen.
„Arbeitslosigkeit bedeutet Ausgeschlossen sein von zentralen gesellschaftlichen und für den Einzelnen sehr bedeutsamen Erfahrungen"[89] (z.B. ein Produkt/eine Dienstleistung mitgestalten, sozial anerkannt sein, Geld selbst verdienen und ausgeben zu können). Dies betrifft jeden Arbeitslosen gleichermaßen. Es kann deshalb davon ausgegangen werden, dass eine hohe Arbeitslosigkeit den sozialen Zusammenhalt einer Region schwächt.

Wie für den Indikator zur Darstellung des wirtschaftlichen Zusammenhalts gilt auch hier, dass mit dem Indikator Arbeitslosigkeit nur ein sehr kleiner Ausschnitt des sozialen Zusammenhalts betrachtet werden kann. Es kann nicht angenommen werden, dass allein die Höhe der Arbeitslosigkeit einer Region auch eine abschließende Aussage über deren sozialen Zusammenhalt trifft. Dies wäre eine unzulässige Verallgemeinerung.

Die SPD-Landesvorsitzende von Nordrhein-Westfalen Hannelore Kraft stellt in ihrer Rede zum Zukunftskonvent 2009 fest, dass sozialer Zusammenhalt in einer Gesellschaft von vielen Faktoren abhänge. Es seien auf der einen Seite harte Faktoren wie die Verteilung von Einkommen und Vermögen, die Strukturen im Bildungswesen

---

[89] Lelgemann, Reinhard (2000), S. 20.

und am Arbeitsmarkt sowie die sozialen Sicherungssysteme. Dem stünden weiche Faktoren wie die Einstellung der Menschen zur Gemeinschaft, der Gemeinsinn, Solidarität und die beiderseitige Bereitschaft zur Integration gegenüber, welche zunehmend an Bedeutung gewinnen würden.[90]

Vor diesem Hintergrund lohnt es sich noch einmal einen Blick auf die OECD-Berichtsreihe „Society at a Glance" zu werfen. In den letzten vier Ausgaben aus den Jahren 2001, 2003, 2005 und 2006 wurden Daten von insgesamt ungefähr 70 sozialen Indikatoren dargestellt. Darunter fallen u.a. Erhebungen über die Anzahl von Eheschließungen und Scheidungen, die Anzahl Alleinerziehender, die Alphabetisierungsrate, die Höhe der Bildungsausgaben, die Kriminalitätsrate, das Rentenalter und Kinderarmut.[91] Zu den Indikatoren mit Hilfe derer die OECD den sozialen Zusammenhalt im Speziellen darstellt, gehören die Lebenserwartung, die Anzahl der Selbstmorde, die Lebenszufriedenheit, die Anzahl von Streiks, das Vertrauen in politische Institutionen und die Arbeitslosenquote[92]

Es ist somit unverkennbar, dass der soziale Zusammenhalt ein sehr breites Spek-trum an Indikatoren umfasst. Umso bedauerlicher ist es daher, dass Eurostat über den kompletten Förderzeitraum lediglich konstante Regionaldaten über die Arbeitslosenquote bereithält. Für die europäische Regionalpolitik und ihrer Zielsetzung „Stärkung des sozialen Zusammenhalts" bedeutet dies, dass sie ihr Ziel womöglich zu einseitig und die Betonung zu stark auf die wirtschaftliche Perspektive legt.

In dieser Hinsicht übt z.B. auch der Ausschuss für regionale Entwicklung des Europäischen Parlaments sowie der Europäische Rechnungshof Kritik an den festgelegten Förderkriterien des Ziels 1. „Anhand des BIP kann zwar die wirtschaftliche Konvergenz der Regionen gemessen werden, doch reicht dies nicht, um den Grad der sozialen (…) Konvergenz festzustellen."[93] So lautet das Urteil des Ausschusses. Dagegen erwähnt der Rechnungshof, dass „die Festlegung der förderfähigen Regionen allein auf der Grundlage des BIP angesichts der vielfältigen Ursachen des Entwicklungsgefälles unangemessen [sei]. Aspekte wie das Vorhandensein einer Basisinfrastruktur,

---

[90] Vgl. http://www.spd-bielefeld.de/meldungen/202/74109/Zukunftskonvent-2009-Rede-der-Landesvorsitzenden-der-NRWSPD-Hannelore-Kraft.html, abgerufen am 2.12.2009.
[91] OECD (2007), S.12.
[92] Ebenda, S.17.
[93] EP (2007), S.18.

die Arbeitslosenquote, (…), Schul- und Berufsbildung, die Qualität der Umwelt, die Einwanderung sowie Forschung und Entwicklung [dürften] nicht unberücksichtigt bleiben."[94]

Die regionalen Entwicklungen des sozialen Zusammenhalts sollen im Folgenden nichtsdestotrotz anhand des bereits erwähnten Indikators der „Arbeitslosenquote ausgedrückt in Prozent der Erwerbspersonen" dargestellt werden. Dadurch können zumindest Aussagen über einen Teilaspekt des sozialen Zusammenhalts getroffen werden.

Da die Erkenntnisse auf Datenmaterial von Eurostat basieren, ist es erforderlich auf dessen Definition von Arbeitslosigkeit zu verweisen. Arbeitslos sind demnach alle Personen im Alter zwischen 15 und 74 Jahren, die:

a) in der Berichtswoche ohne Arbeit waren;
b) zum Zeitpunkt der Befragung für eine Arbeit verfügbar waren, d.h. innerhalb der zwei auf die Berichtswoche folgenden Wochen für eine abhängige oder selbstständige Beschäftigung zur Verfügung standen und
c) aktiv auf Arbeitssuche waren, d.h. innerhalb der letzten vier Wochen konkrete Schritte unternommen hatten, um eine abhängige oder selbstständige Beschäftigung zu finden.[95]

---

[94] KOM (2004) 492 endgültig vom 14. Juli 2004, S.19.
[95] Eurostat (2008a), S. 96.

3. Quantitative Betrachtung regionaler Disparitäten

Nachdem im vorangegangenen Abschnitt die wesentlichen Grundzüge der europäischen Regionalpolitik erläutert und Indikatoren zur Darstellung der Entwicklung europäischer Regionen hinsichtlich des wirtschaftlichen und sozialen Zusammenhalts benannt wurden, wird in diesem Abschnitt nun das statistische Datenmaterial einander gegenüber gestellt. Dabei soll, wie bereits in der Einleitung erwähnt, der Frage nachgegangen werden, welche Ergebnisse eine solche quantitative Analyse hervorbringt, um daraus vorläufige Erkenntnisse über die bisherige Verwirklichung des wirtschaftlichen und sozialen Zusammenhalts der europäischen Regionen zu gewinnen.

Die Darstellung erfolgt jeweils für jede Förderperiode seit dem Jahr 1989 getrennt. Im Blickpunkt der Betrachtung stehen je zwei Regionen von jedem Land, welches im Zeitraum der jeweiligen Förderperiode EU-Mitgliedstaat war. Aus Gründen der Übersichtlichkeit beschränkt sich die Darstellung auf die Regionen eines Staates mit den jeweils höchsten und niedrigsten Werten. Dadurch kann die maximale regionale Disparität eines Landes festgestellt werden. Alle Ausführungen beziehen sich auf statistisch erhobene Daten von Eurostat. Diese sind für den Zweck dieser Studie allesamt aufbereitet worden und entsprechend als Tabellen und Grafiken im Anhang ausgewiesen.[96]

Nach einer kurzen Einführung über die jeweilige Förderperiode werden die Entwicklungen des wirtschaftlichen und sozialen Zusammenhalts anhand der in Abschnitt zwei festgelegten Indikatoren „BIP pro Kopf ausgedrückt in KKS" und „Arbeitslosenquote ausgedrückt in Prozent der Erwerbspersonen" dargestellt. Es ergeben sich hierbei im Wesentlichen drei Betrachtungsweisen:

---

[96] Siehe Anhang B- Der wirtschaftliche Zusammenhalt und Anhang C– Der soziale Zusammenhalt.

Die Entwicklungen werden:

1. für die EU als Ganzes betrachtet.
2. auf der Ebene der Mitgliedstaaten (NUTS 0) betrachtet, wodurch eine Rangordnung ersichtlich wird.
3. insbesondere auf der Ebene der NUTS 2- Regionen dargestellt. Nach der Bildung von Durchschnittswerten für die jeweilige Förderperiode können die maximalen regionalen Disparitäten jedes Mitgliedstaats und somit wiederum eine Rangordnung ermittelt werden.

Schließlich ist es zudem möglich, die Entwicklungen einzelner Förderperioden zu vergleichen, wodurch Entwicklungstrends aufgezeigt werden können. In einer abschließenden Auseinandersetzung mit den Erkenntnissen werden die wesentlichen Punkte letztlich noch einmal aufgegriffen und vertieft.

3.1. Förderperiode 1989-1993

Zu Beginn der ersten Förderperiode der heutigen europäischen Regionalpolitik im Jahr 1989 bestand die EG aus den zwölf Mitgliedstaaten Deutschland, Frankreich, Italien, Belgien, Niederlande, Luxemburg (Gründerstaaten), Dänemark, Irland, Großbritannien (seit 1973), Griechenland (seit 1981), Portugal und Spanien (seit 1986). Insbesondere durch die letzten beiden Erweiterungsrunden und der Aufnahme von drei wirtschaftlich schwächeren Ländern hatten sich die regionalen Disparitäten der Gemeinschaft weiter vergrößert.[97]

Die damalige Kommission unter dem seit 1985 amtierenden Kommissionspräsidenten Jacques Delors legte im Juni desselben Jahres das Weißbuch über die Vollendung des Binnenmarktes vor.[98] Darin hält sie fest, dass die Vollendung des Binnenmarkts „unabdingbare Grundlage für wachsenden Wohlstand der Gemeinschaft darstellt". Allerdings ist sie sich auch „des Risikos bewusst, dass mehr Freizügigkeit für Personen, Güter, Kapital und Dienstleistungen, unbehindert in die Gebiete des größten

---

[97] Vgl. Schoof, Ulrich (2002), S.48.
[98] KOM (85) Nr. 305 endgültig vom 13.06.1984.

wirtschaftlichen Vorteils zu ziehen, das bestehende Gefälle zwischen den Regionen verschlimmern und damit das Ziel der Annäherung gefährden kann."[99]

Dadurch wurde die Notwendigkeit einer europäischen Regionalpolitik erkannt, deren Geburtsstunde durch Inkrafttreten der Einheitlichen Europäische Akte im Jahr 1987 begründet wurde. Die finanzielle Ausgestaltung erfolgte schließlich im Rahmen des Delors I-Pakets im darauf folgenden Jahr. Durch die Interinstitutionellen Vereinbarungen vom 29. Juni 1988[100] und vom 29. Oktober 1993[101] konnte die europäische Regionalpolitik in der ersten Förderperiode von 1989-1993 somit über fast 67 Milliarden ECU (in Preisen von 1988) verfügen, was ungefähr 25 Prozent des Gesamthaushaltes entsprach.[102] Zu den am stärksten geförderten Ländern zählten dabei Spanien, Italien, Portugal und Griechenland.[103]

Mit einer Architektur aus fünf Zielen, drei Strukturfonds und 16 Gemeinschaftsinitiativen ging somit die Stärkung des wirtschaftlichen und sozialen Zusammenhalts in die erste Runde.

3.1.1. Entwicklungen des wirtschaftlichen Zusammenhalts

Wie bereits erläutert, soll die Darstellung des wirtschaftlichen Zusammenhalts anhand des Indikators „BIP pro Kopf ausgedrückt in KKS" erfolgen. Aus der Tatsache, dass das BIP Ausdruck der gesamtwirtschaftlichen Situation eines Landes oder einer Region ist, lässt sich folgern, dass je höher das BIP einer Volkswirtschaft ist, desto stärker ist auch ihre Wirtschaftskraft. Ein EU-weiter wirtschaftlicher Zusammenhalt liegt somit zunächst dann vor, wenn dass BIP jedes Mitgliedstaats dem durchschnittlichen BIP der EU gleicht oder zumindest von diesem nur geringfügig abweicht. Dabei liegt die Bestrebung nahe, dass das durchschnittliche BIP auch möglichst ein hohes Niveau erreichen sollte, um der EU auch eine starke Position in der Weltwirtschaft zu verleihen.

---

[99] Ebenda, S. 8.

[100] Interinstitutionelle Vereinbarung über die Haushaltsdisziplin und die Verbesserung des Haushaltsverfahrens, ABl. L 185 vom 15.7.1988, S. 33 ff.

[101] Interinstitutionelle Vereinbarung vom 29.10.1993 über die Haushaltsdisziplin und die Verbesserung des Haushaltsverfahrens, ABl. C 331 vom 7.12.1993, S. 1 ff.

[102] Siehe Anhang A4: Budgetaufteilung des EU-Haushalts auf die einzelnen Ausgabenkategorien I.

[103] Siehe Anhang A6: Die Mittelverteilung auf die Staaten.

Im Verständnis der europäischen Regionalpolitik geht wirtschaftlicher Zusammenhalt jedoch noch weiter. Wirtschaftlicher Zusammenhalt liegt überdies dann vor, wenn auch die Regionen innerhalb eines Landes ein hohes BIP aufweisen und sie diesbezüglich auch homogen sind, sich also keine starken regionalen wirtschaftlichen Unterschiede einstellen. Wirtschaftlicher Zusammenhalt wäre somit dann im Ideal verwirklicht, wenn alle Mitgliedstaaten ein möglichst gleich hohes BIP hätten und gleichzeitig regionale Disparitäten so gering wie möglich wären.

Vor diesem Hintergrund ist es nun interessant zu ermitteln, wie sich die regionalen Unterschiede während der ersten Förderperiode entwickelt haben.

Das durchschnittliche BIP pro Kopf der EG-12 beläuft sich in der Zeit von 1989-1993 auf insgesamt rund 14.800 KKS und verläuft tendenziell steigend. Fünf der zwölf EG-Mitgliedstaaten liegen mit ihrem Pro-Kopf-BIP unter diesem Niveau, darunter insbesondere Portugal, Griechenland, Spanien und Irland. Das durchschnittliche Pro-Kopf-BIP dieser fünf Staaten beträgt mit rund 11.450 KKS wiederum lediglich zwei Drittel des durchschnittlichen Pro-Kopf-BIP der restlichen Mitgliedstaaten. Interessant bei dieser Betrachtung ist, dass bei den Staaten mit unterdurchschnittlichen Zahlenwerten der Abstand zwischen dem Staat mit dem geringsten (Griechenland) und dem höchsten (Großbritannien) BIP pro Kopf weniger stark ausgeprägt ist, wie der entsprechende Unterschied zwischen den Staaten mit überdurchschnittlichem Pro-Kopf-BIP Niederlande und Luxemburg. Würde man die EG nun in zwei Lager teilen, dann ließe sich feststellen, dass der wirtschaftliche Zusammenhalt auf nationaler Ebene im Lager der Staaten mit unterdurchschnittlichem BIP pro Kopf stärker ausgeprägt ist als im Lager der Staaten mit überdurchschnittlichen Zahlenwerten. Vor diesem Hintergrund lässt sich fast schon eine Art zweiten Modells des „Europas der zwei Geschwindigkeiten"[104] erkennen.

Für die europäische Regionalpolitik sind aber nun die Entwicklungen auf regionaler Ebene (NUTS 2) von speziellem Interesse. Es ist erkennbar, dass in Staaten mit hohem nationalen Pro-Kopf-BIP durchaus Regionen niedrige Pro-Kopf-BIP-Werte

---

[104] Mit dem Term „Europa der zwei Geschwindigkeiten" wird die unterschiedliche Dynamik der europäischen Integration beschrieben. So haben sich beispielsweise nur fünf der damaligen acht Mitgliedstaaten auf das Schengener Abkommen geeinigt, während die weiteren Staaten erst später beitraten (vgl. http://www1.bpb.de/popup/popup_lemmata.html?guid=KBLE2R, abgerufen am 05.12.2009). Das hier genannte „Europa der zwei Geschwindigkeiten" soll die Polarität der EG hinsichtlich des wirtschaftlichen Zusammenhalts beschreiben.

46

aufweisen und gleichzeitig meist große regionale Unterschiede innerhalb des Landes herrschen. Dagegen weist Griechenland, welches insgesamt das niedrigste nationale Pro-Kopf-BIP der EG-12 hat, die geringsten regionalen Unterschiede auf der NUTS 2- Ebene auf. Dagegen sind die regionalen Unterschiede in Deutschland, welches das zweithöchste BIP pro Kopf aufweist, von allen EG-Mitgliedstaaten am größten.

Die regionalen Disparitäten Deutschlands gehen dabei wohl insbesondere auf dessen Teilung in der Nachkriegszeit in Ost- und Westdeutschland zurück und in der Tat stammen die beiden NUTS 2- Regionen (Hamburg und Brandenburg-Nordost) auch aus beiden Teilen Deutschlands. Allerdings ist es auffallend, dass auch die anderen Mitgliedstaaten mit überdurchschnittlichem BIP pro Kopf mit Ausnahme der Niederlande sehr große regionale Disparitäten aufweisen.

Wie zuvor bei der Betrachtung der nationalen BIP pro Kopf- Werte lässt sich somit die Tendenz erkennen, dass der wirtschaftliche Zusammenhalt diesbezüglich in der ersten Förderperiode im „unteren Lager" der EG bereits stärker verwirklicht ist, als im „oberen Lager" der EG. Problematisch ist hierbei jedoch, dass das durchschnittliche Pro-Kopf-BIP der EG-12 und dasjenige der Staaten mit unterdurchschnittlichen Werten zum Teil bereits stark auseinanderfällt. Die von Jacques Delors erkannte Notwendigkeit einer europäischen Regionalpolitik insbesondere im Hinblick auf die Vollendung des Binnenmarktes und der Gefahr eines größeren Regionalgefälles, ist somit gut nachvollziehbar.

3.1.2. Entwicklungen des sozialen Zusammenhalts

Mit der Erkenntnis, dass ein regionaler wirtschaftlicher Zusammenhalt nicht zwangsläufig mit einem insgesamt hohen nationalen Pro-Kopf-BIP einhergeht, ist es nun interessant herauszuarbeiten, welche Entwicklungen sich hinsichtlich des sozialen Zusammenhalts ergeben.

Mit den Daten des für die Darstellung herangezogenen Indikators „Arbeitslosenquote ausgedrückt in Prozent der Erwerbspersonen" verhält es sich nun umgekehrt zu den BIP pro Kopf- Werten. Erstrebenswert ist eine möglichst geringe Arbeitslosenquote. Dabei gilt auch hier, dass sozialer Zusammenhalt dann idealerweise verwirklicht ist, wenn alle EG-Mitgliedstaaten eine möglichst gleich geringe Arbeitslosenquote aufweisen und die regionalen Disparitäten eines Staates darüber hinaus klein sind.

Aus dem Datenmaterial ergibt sich, dass die durchschnittliche Arbeitslosenquote der EG-12 nach einem geringfügigen Rückgang im Jahr 1990 im Zeitraum von 1991 bis 1993 um rund zwei Prozent angestiegen ist. Die durchschnittliche Arbeitslosenquote für den gesamten Förderzeitraum liegt dabei bei 8,3 Prozent.

Auch hier liegen fünf Staaten über dem EG-weiten Durchschnitt. Im Grunde ist erkennbar, dass, mit Ausnahme von Portugal[105], die Staaten mit unterdurchschnittlichem Pro-Kopf-BIP auch eine hohe Arbeitslosenquote aufweisen. Allerdings gehören mit Italien und Frankreich auch Länder mit einem hohen Pro-Kopf-BIP zu den Staaten mit überdurchschnittlich hohen Arbeitslosenquoten.

Insgesamt schneidet Irland mit einer durchschnittlichen Arbeitslosenquote von fast 15 Prozent am schlechtesten ab. Leider liegen für den Zeitraum von 1989-1993 keine Daten auf NUTS 2- Ebene für Irland vor, wodurch keine Aussagen über den regionalen Zusammenhalt getroffen werden können. Aufgrund eines Datenmangels ist es ebenfalls schwer Rückschlüsse zu ziehen, ob Staaten mit einer geringen nationalen Arbeitslosenquote tendenziell auch größere regionale Disparitäten aufweisen und umgekehrt, wie es sich beim wirtschaftlichen Zusammenhalt herausgestellt hat. Eine solche Schlussfolgerung lässt sich aus dem vorliegenden Datenmaterial jedenfalls nicht ohne Zweifel schließen.

Allerdings soll in diesem Zusammenhang Italien besondere Erwähnung finden, welches mit einer Differenz von 17,52 Prozent zwischen der Region mit der höchsten und niedrigsten Arbeitslosenquote die höchsten regionalen Unterschiede aufweist. Dagegen hat Griechenland, welches bereits die geringsten regionalen Disparitäten beim BIP-pro-Kopf hat, ebenfalls die geringsten regionalen Unterschiede bei der Arbeitslosenquote. Obwohl wirtschaftlicher und sozialer Zusammenhalt in diesem Land demnach wohl am stärksten ausgeprägt zu sein scheinen, gehört Griechenland, wie eingangs erwähnt, zu den am meisten geförderten Ländern der ersten Förderperiode. Dies ist dadurch zu erklären, dass sein nationales Pro-Kopf-BIP unter 75 Prozent des EG-Durchschnitts liegt und Griechenland somit im Rahmen von Ziel 1 förderfähig

---

[105] Für Griechenland liegen keine Daten auf nationaler Ebene für den Zeitraum von 1989-1993 vor.

ist. Es weist somit einen besonderen Aufholbedarf auf, was eine finanzielle Unterstützung erfordert, um seine Annäherung an den EG-Durchschnitt zu fördern.

3.2. Förderperiode 1994-1999

Die zweite Förderperiode der europäischen Regionalpolitik steht im Zeichen der Wirtschafts- und Währungsunion, welche durch den am 1. November 1993 in Kraft getretenen Vertrag von Maastricht eingeführt wurde. Der Kommissionspräsident Jacques Delors stellt in seiner Rede vom 11. Februar 1992[106], vier Tage nach der Unterzeichnung des Vertrags von Maastricht, das Delors II-Paket[107] vor.

Darin stellt er fest, dass „mit Hilfe des Pakets I (…) die für 1992 gesetzten Ziele erwartungsgemäß verwirklicht werden [konnten]." Das Paket II sollte nun den Vertrag von Maastricht erfolgreich umsetzen.

Hinsichtlich der europäischen Regionalpolitik nennt er den wirtschaftlichen und sozialen Zusammenhalt als einen in Maastricht bekräftigten „Grundpfeiler der gemeinschaftlichen Architektur". „Das Konzept des Zusammenhalts [sei ein] unverzichtbares Mittel zum Ausgleich von Entwicklungsdiskrepanzen, um den gemeinsamen Wirtschaftsraum zu festigen und das Wirtschaftswachstum anzuregen."[108]

Diese Aussagen machen deutlich, dass der zweiten Förderperiode eine große Bedeutung zugesprochen wird, an sie jedoch gleichzeitig hohe Anforderungen gestellt werden. Vor diesem Hintergrund ist es nicht überraschend, dass das Gesamtbudget für die Finanzinstrumente der europäischen Regionalpolitik auf rund 155 Milliarden ECU (in Preisen von 1992)[109] aufgestockt wurde. Dies entsprach fortan ungefähr einem Drittel des Gesamthaushalts der Gemeinschaft. Zu den am stärksten geförderten Ländern der letzten Förderperiode kamen nun zusätzlich Deutschland und Frankreich hinzu.[110]

Während die Gemeinschaftsinitiativen auf dreizehn reduziert wurden, sind die Finanzinstrumente und Ziele im Vergleich zur ersten Förderperiode weiter ausgebaut

---

[106] Rede von Jacques Delors vor dem Europäischen Parlament (11. Februar 1992) in: Bulletin der Europäischen Gemeinschaften,1992, Nr. Sonderbeilage 1/1992, S. 6-13, http://www.ena.lu/rede_jacques_delors_europaischen_parlament_11_februar_1992-3-12748, abgerufen am 15.1.2010.
[107] KOM (92) 2000 endgültig vom 11.2.1992.
[108] A.a.O. (Fußnote 106).
[109] Siehe Anhang A4: Budgetaufteilung des EU-Haushalts auf die einzelnen Ausgabenkategorien I.
[110] Siehe Anhang A6: Die Mittelverteilung auf die Staaten.

worden. Als neuer Strukturfonds wurde 1993 FIAF für die Bereiche der Fischerei und der Aquakultur und im darauf folgenden Jahr neben den Strukturfonds der Kohäsionsfonds als neues Finanzinstrument etabliert. Aufgrund des Beitritts von Österreich, Finnland und Schweden am 1. Januar 1995 wurde zudem ein sechstes Ziel zur Förderung von Regionen mit einer äußerst niedrigen Bevölkerungsdichte in den beiden letzt genannten Ländern eingeführt.

Vor dem Hintergrund dieser zahlreichen Neuerungen und der neuen Rahmenbedingungen bedingt durch den Vertrag von Maastricht, ist es nun interessant, die weiteren Entwicklungen des regionalen wirtschaftlichen und sozialen Zusammenhalts näher zu betrachten.

3.2.1. Entwicklungen des wirtschaftlichen Zusammenhalts

Wie bereits schon während der ersten Förderperiode steigt das durchschnittliche Pro-Kopf-BIP der EU-15 von 1994-1999 kontinuierlich an und beträgt für den gesamten Förderzeitraum im Durchschnitt rund 19.208 KKS. Das ist ein Anstieg von fast 30 % im Vergleich zur ersten Förderperiode. Interessant ist die Feststellung, dass sich das durchschnittliche BIP pro Kop der EG-12, also ohne Berücksichtigung des Beitritts von Österreich, Schweden und Finnland, für den gesamten Zeitraum auf knapp 19.160 KKS beläuft. Somit lässt sich erkennen, dass die Aufnahme der drei neuen Mitgliedstaaten insgesamt zu einem Anstieg des gemeinschaftlichen BIP pro Kopf beitrug und in dieser Hinsicht die Wirtschaftskraft der EU gestärkt hat.

In der Tat nimmt nun sogar Österreich den Platz des Landes mit dem zweithöchsten Pro-Kopf-BIP ein und verdrängt damit Deutschland, welches nun nur noch an sechster Stelle steht. Allein Finnland reiht sich in die Staatengruppe mit unterdurchschnittlichem Pro-Kopf-BIP ein. Darunter fallen nun insgesamt acht Staaten, drei mehr als in der ersten Förderperiode. Negative Entwicklungen zeigen sich in Frankreich und Italien, die, trotz eines fast kontinuierlichen Anstiegs des BIP pro Kopfs, nun auch erstmals unter dem EU-weiten Durchschnitt liegen.

Auf Ebene der Mitgliedstaaten zeichnet sich im Vergleich zur ersten Förderperiode ab, dass sich trotz einer höheren Anzahl von Ländern mit unterdurchschnittlichem BIP pro Kopf diese sich dem Durchschnitt der übrigen Länder angenähert haben. Das unterdurchschnittliche Pro-Kopf-BIP der acht Staaten beträgt insgesamt nun bereits rund 72 Prozent vom überdurchschnittlichen Pro-Kopf-BIP der übrigen Länder, im Vergleich zu 66 Prozent während der ersten Förderperiode.

In dieser Hinsicht ist die Entwicklung hin zu einem stärkeren wirtschaftlichen Zusammenhalt erkennbar. Vergleicht man nun jedoch die jeweiligen Extremwerte auf nationaler Ebene, fällt das Urteil ernüchternd aus. In beiden „Lagern" haben sich die Disparitäten verstärkt, im Lager der Länder mit überdurchschnittlichen Pro-Kopf-BIP sogar fast verdoppelt. Dies liegt daran, dass Luxemburg im Vergleich zu den anderen Staaten ein sehr starkes Wachstum verzeichnen konnte und sich damit weit von den übrigen Staaten abgesetzt hat.

Wie sieht es nun auf regionaler Ebene aus ? Großbritannien weißt von allen Mitgliedstaaten mit einer Differenz der Extremwerte von fast 31.000 KKS das größte regionale Gefälle auf. Dagegen hat Griechenland mit knapp 3100 KKS nach wie vor die geringsten regionalen Disparitäten. Insgesamt lässt sich der Trend feststellen, dass Länder, welche über starke wirtschaftliche Zentren verfügen, große regionale Unterschiede zugunsten dieses Zentrums aufweisen. Im Falle von Großbritannien ist dies Inner London, in Deutschland Hamburg und in Frankreich die Region rund um Paris. Das regionale Gefälle zwischen Brüssel und der Provinz Hainaut in Belgien hat sich im Vergleich zur ersten Förderperiode sogar fast verdoppelt. Man gelangt somit zu der Annahme, dass die „Starken" immer stärker und die „Schwachen" immer schwächer oder zumindest nur geringfügig stärker werden.

Betrachtet man lediglich die EG-12 Länder, haben sich die regionalen Disparitäten im Vergleich zur ersten Förderperiode im Durchschnitt um ungefähr 4000 KKS verstärkt. Durch die Aufnahme von Österreich, Schweden und Finnland fällt dieser Unterschied etwas geringer aus. Somit lässt sich festhalten, dass der Beitritt EU-weit betrachtet zumindest nicht zu einer Verschärfung der regionalen Unterschiede beigetragen hat.

Als Zwischenergebnis ist festzustellen, dass sich die EU weiterhin in zwei Lager spaltet. Ungefähr die Hälfte der Mitgliedstaaten liegt unter dem gemeinschaftlichen BIP pro Kopf Durchschnitt. Zwar haben diese sich insgesamt dem durchschnittlichen Pro-Kopf-BIP der übrigen Staaten angenähert, allerdings sind deutliche Verschärfungen von regionalen Disparitäten erkennbar. Positiv zu beurteilen, ist lediglich die Tatsache, dass die Aufnahme der drei neuen Mitgliedstaaten die Situation nicht weiter verschlechtert hat. Wirtschaftlicher Zusammenhalt bleibt vor dem Hintergrund der Ergebnisse jedoch weiterhin ein fernes Ziel.

3.2.2. Entwicklungen des sozialen Zusammenhalts

Die durchschnittliche Arbeitslosenquote der EU-15 nimmt in der zweiten Förderperiode leicht ab, liegt jedoch mit knapp neun Prozent im Durchschnitt aller Jahre trotzdem etwas höher als im ersten Förderzeitraum. Die Polarisation zwischen Ländern mit überdurchschnittlicher und unterdurchschnittlicher Arbeitslosenquoten ist im Verhältnis neun zu sechs etwas stärker ausgeprägt als beim BIP pro Kopf. Während die Arbeitslosenquote Schwedens mit der durchschnittlichen Arbeitlosenquote der EU-15 fast überein stimmt, gehört Finnland nunmehr zu den Ländern mit überdurchschnittlich hoher Arbeitslosenquote. Bei Finnland kommt zudem hinzu, dass die regionalen Disparitäten sehr stark ausgeprägt sind, während dagegen Schweden auf Platz vier der Staaten mit den geringsten regionalen Unterschieden liegt. Allein Österreich kann sich als neuer Mitgliedstaat am besten behaupten. Es ist zweitplatziert sowohl hinsichtlich einer niedrigen Arbeitslosenquote als auch bezüglich geringer regionaler Disparitäten.

Während die Aufnahme der drei neuen Mitgliedstaaten einen eher positiven, wenn auch kleinen, Effekt auf das durchschnittliche BIP pro Kopf der EU-15 im Vergleich zur EG-12 hatte, lässt sich eine solche Wirkung nicht für die durchschnittliche Arbeitslosenquote feststellen. Eine Änderung liegt lediglich im Bereich von 0,02 Prozent. Der Beitritt hatte somit auf die Höhe der durchschnittlichen Arbeitslosenquote insgesamt weder einen nennenswerten positiven noch negativen Effekt.

Nach wie vor ist Italien das Land mit den größten regionalen Unterschieden, dicht gefolgt von Spanien. Beide Länder liegen zudem über dem EU-weiten Durchschnitt. Da sich die regionalen Unterschiede in beiden Fällen sogar weiter verstärkt haben, kann von einer positiven Entwicklung des sozialen Zusammenhalts keine Rede sein.

Die Situation Irlands ist dagegen beachtlich. Auf nationaler Ebene betrachtet, weist Irland eine überdurchschnittlich hohe Arbeitslosenquote auf. Nachdem nun auch statistische Regionaldaten für die Jahre 1998 und 1999 vorliegen, ist erkennbar, dass der soziale Zusammenhalt, wollte man ihn nur anhand des Indikators der Arbeitslosenquote messen, fast vollständig verwirklicht ist. Der regionale Unterschied zwischen der Region mit der höchsten und der Region mit der niedrigsten Arbeitslosenquote beträgt lediglich 1,1 Prozent. Irland nimmt damit die Vorreiterrolle in der EU ein.

Leider wird diese erfreuliche Entwicklung getrübt, wenn man einmal die spanische Region Andalucia, welche mit Abstand die höchste durchschnittliche Arbeitslosenquote der EU in Höhe von 31 Prozent aufweist, mit Luxemburg vergleicht. Das Gefälle zwischen beiden Regionen beträgt ungefähr 28 Prozent. Natürlich erscheint dieser Vergleich ein wenig, als wollte man Äpfel mit Birnen vergleichen. Allerdings zeigt dieser Vergleich ganz deutlich die extremen Gegensätze, die innerhalb der EU herrschen. Das durchaus erstrebenswerte Ziel der europäischen Regionalpolitik einer regionalen Angleichung der Lebensverhältnisse muss auch einen solchen Vergleich zulassen und erscheint vor diesem Hintergrund fast schon ein wenig illusorisch.

Abschließend lohnt es sich, noch einmal einen Blick auf die starken Wirtschaftszentren Inner London und Brüssel zu werfen. Beide Regionen weisen ein sehr hohes Pro-Kopf-BIP auf, welches jeweils sogar über dem gemeinschaftlichen Durchschnitt liegt. Diese starke Position innerhalb der EU gilt in beiden Fällen jedoch nicht für die Arbeitslosenquote. Die durchschnittliche Arbeitslosenquote der Region Brüssel ist mit 16 Prozent fast so hoch wie die durchschnittliche Arbeitslosenquote von Spanien. Auch Inner London liegt mit rund zwölf Prozent weit über dem EU-Durchschnitt. Dieses Beispiel zeigt sehr schön, dass wirtschaftliche Stärke nicht mit sozialer Stärke gleichgesetzt werden kann, was wiederum die europäische Regionalpolitik vor die Herausforderung stellt, dass wirtschaftlicher und sozialer Zusammenhalt nicht mit denselben Maßnahmen angegangen werden können. Zudem sind die Regionen mit extremen Pro-Kopf-BIP-Werten oft auch nicht gleichzeitig Regionen mit extremen Arbeitslosenquoten. Wirtschaftlicher und sozialer Zusammenhalt verlangen somit mitunter verschiedene Ansatzpunkte in unterschiedlichen Teilen eines Landes, was ein Vorgehen nicht unbedingt einfacher gestaltet.

3.3. Förderperiode 2000-2006

Zwei Hauptthemen charakterisieren die dritte Förderperiode. Auf der einen Seite wird die „simplification des procédures"[111], wie es der Kommissar für Regionalpolitik Michel Barnier in einer Rede aus dem Jahr 2003[112] formuliert, als „question centrale"[113] der europäischen Regionalpolitik gesehen. Auf der anderen Seite stellt die Osterweiterung im Mai 2004, durch welche zehn neue Mitgliedstaaten der EU beitreten, eine große Herausforderung für die europäische Regionalpolitik dar.

Die Vereinfachung der Verfahren führt neben einigen Änderungen der Programmverwaltung und Programmüberwachung zu einer weiteren Reduzierung der Gemeinschaftsinitiativen von dreizehn auf vier. Zudem werden die ehemals sechs Ziele auf lediglich drei Ziele konzentriert. Auf die inhaltlichen Zielausrichtungen hat dies jedoch keine nennenswerten Auswirkungen, da „die alten Ziele lediglich unter neuen Überschriften zusammengefasst wurden".[114]

Von größerer Bedeutung ist vielmehr die bisher größte Erweiterungsrunde der EU. Um dieser Tatsache finanziell Rechnung zu tragen, wurde das Gesamtbudget der europäischen Regionalpolitik nochmals auf fast 235 Milliarden Euro[115] erhöht, wovon rund 22 Milliarden Euro[116] für die zehn neuen Mitgliedstaaten von 2004 bis 2006 vorgesehen wurden. Damit war der Anteil der europäischen Regionalpolitik am Gesamthaushalt der EU auf 34 Prozent gestiegen. An der Anzahl der am stärksten geförderten Länder veränderte sich jedoch im Vergleich zur zweiten Förderperiode vorerst nichts.

Die Aufnahme der zehn MOEL in die EU war für die europäische Regionalpolitik deshalb von großer Bedeutung, da sich mit ihr „ein stärkeres Gefälle in der Einkom-

---

[111] Vereinfachung der Verfahren (eigene Übersetzung)

[112] Rede von Michel Barnier vor dem Haushaltsausschuss vom 26. Mai 2003: La simplification des fonds structurels, Brüssel, S.2, http://ec.europa.eu/regional_policy/sources/docoffic/official/ communic/simplification/discoursbarnier_simpl_fr.pdf, abgerufen am 10.12.2009.

[113] Zentrale Frage (eigene Übersetzung)

[114] Schoof, Ulrich (2002), S. 111 f.

[115] Siehe Anhang A4: Budgetaufteilung des EU-Haushalts auf die einzelnen Ausgabenkategorien I.

[116] Siehe Anhang A6: Die Mittelverteilung auf die Staaten.

mens- und Beschäftigungsstruktur [ergab], da das durchschnittliche Pro-Kopf-BIP in diesen neuen Mitgliedstaaten weniger als die Hälfte des EU-Durchschnitts betrug".[117]

Ein besonderes Problem, bezeichnet als sogenannter „statistischer Effekt", ergab sich insbesondere im Rahmen der Ziel-1-Förderung. Förderfähig im Rahmen des Ziels 1 sind Regionen, die ein BIP von unter 75 Prozent des EU-Durchschnitts aufweisen. Aufgrund einer Senkung des durchschnittlichen BIPs der EU durch die Erweiterung drohte vielen gegenwärtigen Ziel-1-Gebieten rein rechnerisch „der Verlust ihres Status und somit die Förderfähigkeit".[118] Diese Situation führte zu einer Übergangsregelung, dem „phasing out", wonach die Zuwendungen nicht abrupt gestoppt sondern schrittweise herabgesetzt wurden. Kritiker halten dieser Regelung entgegen, dass „die dortigen Probleme durch den Beitritt noch ärmerer Gebiete nicht weniger brisant geworden oder einfacher zu lösen"[119] seien und somit eine Förderung in voller Höhe weiterhin erforderlich sei.

Die Entwicklungen des wirtschaftlichen und sozialen Zusammenhalts einer EU der 25 werden nun im Folgenden näher erörtert.

3.3.1 Entwicklungen des wirtschaftlichen Zusammenhalts

Während die Erweiterungsrunde von 1995 leicht positive Auswirkungen auf das durchschnittliche BIP pro Kopf der Gemeinschaft hatte, schlägt die Aufnahme der zehn neuen Mitgliedstaaten negativ zu Buche. Das durchschnittliche Pro-Kopf-BIP beträgt in der EU-15 von 2000-2006 ohne Berücksichtigung der Erweiterung ungefähr 25.790 KKS. Dies sind ungefähr 34 % mehr im Vergleich zur zweiten Förderperiode. Aufgrund des Beitritts der zehn MOEL beträgt das durchschnittliche Pro-Kopf-BIP der EU-25 nur rund 20.790 KKS. Dies ist ein Wachstum von lediglich acht Prozent. Alle zehn Beitrittsstaaten liegen unter dem EU-weiten Durchschnitt. Zusammen mit Portugal, Griechenland und Spanien sind dies insgesamt nun dreizehn Staaten. Nach wie vor bleibt die Spaltung der EU in zwei Lager somit erhalten.

---

[117] KOM (2008a), S.18.
[118] Köppen, Bernhard (2005), S. 604.
[119] Ebenda.

Die Entwicklungen der zweiten Förderperiode haben den positiven Trend aufgezeigt, dass sich die Staaten mit unterdurchschnittlichem Pro-Kopf-BIP an die Staaten mit überdurchschnittlichem Pro-Kopf-BIP mit knapp 72 Prozent, statt zuvor 66 Prozent von deren Durchschnittswerten angenähert haben. Umso enttäuschender ist die Erkenntnis, dass diese Annäherung nun sogar hinter dem Ergebnis der ersten Förderperiode zurückbleibt. Das durchschnittliche Pro-Kopf-BIP der Staaten mit unterdurchschnittlichen Werten beträgt in der dritten Förderperiode lediglich rund 52 Prozent vom durchschnittlichen Pro-Kopf-BIP der Staaten, die über dem EU-Durchschnitt liegen.

Denke man für einen kurzen Moment die Aufnahme der zehn neuen Mitgliedstaaten weg, ergibt sich eine weitere, eher ernüchternde Erkenntnis. Seit Beginn der europäischen Regionalpolitik im Jahr 1989 gehörten Portugal, Griechenland und Spanien zu den Ländern, die am stärksten gefördert wurden. Doch auch nach fast 20 Jahren nehmen alle drei Länder nach wie vor die letzten Plätze bezüglich der Höhe des Pro-Kopf-BIPs ein. Die einst EU-weit geringsten regionalen Disparitäten Griechenlands haben sich in der dritten Förderperiode extrem ins Negative verkehrt (rund 2000 KKS in der ersten Förderperiode im Vergleich zu rund 12.000 KKS in der dritten Förderperiode). Damit liegt Griechenland nur noch im besseren Mittelfeld. Allein die regionalen Disparitäten Portugals haben sich nur geringfügig verschlechtert. Die scheinbar einzige erkennbare positive Entwicklung der drei Staaten liegt in der stetigen Steigerung des Pro-Kopf-BIPs. Allerdings ist dies ein eher schwacher Trost, wenn man bedenkt, dass sich das Pro-Kopf-BIP im Rest der EU offensichtlich stärker entwickelt hatt.

Wie bereits bei der Darstellung der Entwicklungen der ersten und zweiten Förderperiode soll noch einmal kurz die Situation innerhalb der beiden „Lager" verglichen werden. Die Differenz der Extremwerte des durchschnittlichen BIP pro Kopfs auf nationaler Ebene der Staaten, die über dem EU-Durchschnitt liegen, ist mittlerweile zweieinhalb mal so groß wie die entsprechende Differenz der Staaten, welche unter dem gemeinsamen Durchschnitt liegen. Damit ist der wirtschaftliche Zusammenhalt des „unteren Lagers" weiterhin stärker verwirklicht als im „oberen Lager". Luxemburg hat sich mittlerweile weit vom Rest der EU abgesetzt. Mit einem Pro-Kopf-BIP, das mehr als doppelt so hoch wie der EU-Durchschnitt ist, kann man es auch fast nicht mehr zu den Staaten des „oberen Lagers" einreihen, da es sich viel zu stark von deren durchschnittlichem BIP pro Kopf- Werten unterscheidet.

Während in der ersten Förderperiode festgestellt werden konnte, dass Länder mit einem eher niedrigen Pro-Kopf-BIP oft geringe regionale Disparitäten aufweisen, gilt dies für die dritte Förderperiode ebenfalls nicht mehr. Die regionalen Unterschiede sind insbesondere in den neuen Mitgliedstaaten Tschechien, Ungarn und Slowakei sehr stark ausgeprägt. Sie sind damit vom eingangs erwähnten „Idealzustand" eines hohen nationalen Pro-Kopf-BIPs bei gleichzeitig niedrigen regionalen Unterschieden weit entfernt. Für die europäische Regionalpolitik bedeutet dieser Umstand eine zusätzliche Erschwernis ihren Zielen näher zu rücken.

So düster die dargelegten Entwicklungen auch erscheinen mögen, ein kleines aber beachtenswertes Licht am Ende des Tunnels zeichnet sich trotzdem ab. Gemeint ist Irland, welches aufgrund seiner bedeutsamen Entwicklung u.a. vom Magazin Focus auch als „keltischer Tiger" bezeichnet wurde.[120] Reihte es sich einst mit seinem durchschnittlichen BIP pro Kopf im unteren Mittelfeld der EG ein, belegt es nun nach Luxemburg Platz zwei im EU-weiten Vergleich. Auch seine regionalen Disparitäten fallen vergleichsweise gering aus. Irlands Erfolgsgeschichte werden viele Faktoren zugeschrieben, so z.B. die „attraktiven Steuerbedingungen"[121] für Unternehmen oder die vorwiegende Verwendung der Mittel aus den Struktur- und Kohäsionsfonds für Bildung[122].

Diese Umstände werden auch in einer regelmäßig erscheinenden Informationsbroschüre der Generaldirektion für Regionalpolitik bekräftigt[123]. In einem Interview mit einer Mitarbeiterin der irischen Verwaltung für Brücken- und Wegebau, erklärt diese, dass zwischen 2000 und 2006 landesweit „75 EFRE-Projekte, 4 Kohäsionsfondsprojekte, 7 Projekte für transeuropäische Verkehrsnetze (TEN-T) und 3 Interreg-IIIA-Projekte" durchgeführt wurden.[124] Bezüglich der regionalen Beihilfen stellt sie fest, dass diese zwar nicht der einzige Grund für Irlands Erfolg seien, aber trotzdem entscheidend für dessen Aufschwung.[125]

---

[120] Ohne Verfasser (2001), S. 259.

[121] Ebenda.

[122] Vgl. Schubert, Christian (2004), S.6.

[123] KOM(2005), S. 15 ff.

[124] Ebenda, S. 15.

[125] Ebenda.

Abschließend lässt sich auf Grundlage der gewonnen Erkenntnisse festhalten, dass die europäische Regionalpolitik mit ihren sich leicht abzeichnenden Erfolgen, aufgrund der erneuten Erweiterungsrunde, stark zurückgeworfen wurde. Es scheint, dass sich die europäischen Regionen stärker als zuvor von einander weg bewegen. Allerdings zeigt das Positivbeispiel Irlands, dass ein effizienter Mitteleinsatz durchaus seine Wirkungen entfalten kann. Somit bleibt abzuwarten, inwiefern es den neuen Mitgliedstaaten gelingt, dem Beispiel Irlands nachzueifern.

3.3.2. Entwicklungen des sozialen Zusammenhalts

Die soeben dargestellten Entwicklungen des wirtschaftlichen Zusammenhalts lassen sich im Grunde auch auf den sozialen Zusammenhalt übertragen. Die durchschnittliche Arbeitslosenquote auf EU-Ebene ist weiterhin leicht rückläufig. Die Aufnahme der zehn neuen Mitgliedstaaten bewirkt jedoch einen Anstieg des gemeinschaftlichen Durchschnitts um etwas weniger als zwei Prozent und beträgt somit 8,1 Prozent. Der EU-15-Durchschnitt läge dagegen bei 6,8 Prozent.
Im Gegensatz zum BIP pro Kopf weist lediglich die Hälfte der neuen Mitgliedstaaten eine überdurchschnittlich hohe Arbeitslosenquote auf. Die Arbeitslosenquoten von Tschechien, Malta, Slowenien, Ungarn und Zypern sind geringer als der EU-Durchschnitt. Mit Ausnahme Tschechiens weisen diese Staaten auch geringe regionale Disparitäten auf. Die Position Zyperns ist überraschend, da es sich stark von den anderen neuen Mitgliedstaaten absetzt. Es belegt somit Platz fünf der Staaten mit niedrigster Arbeitslosenquote.

Die Situation Deutschlands hat sich seit 1989 im EU-weiten Vergleich kaum verbessert. Es liegt mit einer durchschnittlichen Arbeitslosenquote von 9,4 Prozent knapp vor Estland. Ließe man die Aufnahme der neuen Mitgliedsländer außer Betracht, nähme Deutschland nach wie vor den drittletzten Platz ein. Diese Position ist umso brisanter, da auch die regionalen Unterschiede mit durchschnittlich 16,9 Prozent EU-weit am zweitgrößten sind.
Wenig überraschend ist dagegen die Situation Irlands. Auch mit seiner niedrigen Arbeitslosenquote gesellt es sich zu den „Spitzenreitern". Erstaunlich dabei ist vor allem, dass Irlands regionale Disparitäten mittlerweile unter einem Prozent betragen.

Zusammenfassend ist erkennbar, dass der Beitritt der zehn MOEL auf den sozialen Zusammenhalt in der EU weniger starke Auswirkungen hatte als auf den wirtschaftlichen Zusammenhalt. Dies ist u.a. darauf zurückzuführen, dass lediglich fünf der zehn neuen Staaten überdurchschnittlich hohe Arbeitslosenquoten aufweisen. Insgesamt weisen die meisten Länder nur geringe regionale Disparitäten auf. An der Erkenntnis aus der zweiten Förderperiode kann somit weiterhin festgehalten werden: Wirtschaftlicher und sozialer Zusammenhang entwickeln sich in den einzelnen Mitgliedstaaten durchaus unterschiedlich von einander. Allein Irland hat es geschafft, das Ziel der europäischen Regionalpolitik der „Stärkung des wirtschaftlichen und sozialen Zusammenhalts" in seinem Land zu verwirklichen.

3.4. Förderperiode 2007-2013

Die Interinstitutionelle Vereinbarung aus dem Jahr 2006 sah anfangs für die aktuelle vierte Förderperiode ein Gesamtbudget von 308,041 Milliarden Euro vor.[126] Dieser Betrag wurde jedoch zwei Jahre später mit 308,030 Milliarden Euro geringfügig korrigiert.[127] Damit hat sich der Anteil der europäischen Regionalpolitik am Gesamthaushalt der EU weiter erhöht und beträgt nun bereits fast 36 Prozent.
Im Vergleich zur dritten Förderperiode wurden die Finanzinstrumente von sechs auf drei (EFRE, ESF, Kohäsionsfonds) verringert. Zudem gibt es auch keine Gemeinschaftsinitiativen mehr. Die ehemalige Gemeinschaftsinitiative INTERREG bildet nun das Ziel 3, im Rahmen dessen grenzübergreifende, transnationale und interregionale Zusammenarbeit gefördert werden.

Betrachtet man die Aufteilung des Budgets auf die Zielsetzungen der Regionalpolitik, ist es unverkennbar, dass dem Ziel 1, nach dem Regionen mit einem Pro-Kopf-BIP unter 75 Prozent des EU-Durchschnitts förderfähig sind, mit 81,5 Prozent der größte Anteil der Mittel zukommt.[128] Wie auch in den vergangenen Förderperioden liegt

---

[126] Interinstitutionelle Vereinbarung zwischen dem Europäischen Parlament, dem Rat und der Europäischen Kommission über die Haushaltsdisziplin und die wirtschaftliche Haushaltsführung, ABl. C 139 vom 14.6.2006, S. 10.
[127] Beschluss des Europäischen Parlaments und des Rats vom 29. April 2008 zur Änderung der Interinstitutionellen Vereinbarung vom 17. Mai 2006 über die Haushaltsdisziplinund die wirtschaftliche Haushaltsführung im Hinblick auf die Anpassung des mehrjährigen Finanzrahmens, ABl. L 128 vom 15.5.2008, S. 9.
[128] Siehe Anhang A5: Anteil der Ziele und Gemeinschaftsinitiativen am Gesamtbudget der europäischen Regionalpolitik.

somit der Schwerpunkt in der Förderung von Regionen mit den größten Entwicklungsrückständen. Die im Jahr 2004 neu beigetretenen Staaten Polen, Tschechien und Ungarn reihen sich nunmehr in die Liste der am stärksten geförderten Länder ein.[129]

Durch die Verordnung mit allgemeinen Bestimmungen über die Strukturfonds und den Kohäsionsfonds wird der Begriff „Kohäsionspolitik" nun auch erstmals vom Gesetzgeber aufgegriffen.[130] Auch wenn dies allein keine weiteren Auswirkungen auf die Struktur und Zielsetzungen der europäischen Regionalpolitik hat, erfährt das Bestreben eines immer stärker werdenden Zusammenhalts nun eine begriffliche Konkretisierung.

Als weitere Neuerung erhält die europäische Regionalpolitik durch den am 1. Dezember 2009 in Kraft getretenen Vertrag von Lissabon zusätzlich zum wirtschaftlichen und sozialen Zusammenhalt den territorialen Zusammenhalt als neue Zielsetzung.[131] Einen ersten Definitionsansatz des Begriffes wurde bereits im Dritten Bericht über den wirtschaftlichen und sozialen Zusammenhalt der Kommission formuliert. Hierin heißt es: „Der Begriff des territorialen Zusammenhalts geht über den des wirtschaftlichen und sozialen Zusammenhalts hinaus, indem er ihn gleichzeitig erweitert und verstärkt. (...) Darüber hinaus geht es darum, die territoriale Integration zu verbessern und die Zusammenarbeit zwischen den Regionen zu fördern."[132] Mit der Annahme des „Grünbuchs zum territorialen Zusammenhalt – Territoriale Vielfalt als Stärke"[133] im Oktober 2008 hat die Kommission jedoch zunächst das Konsultationsverfahren über die Bedeutung dieses Ziels für die europäische Regionalpolitik eingeleitet.

Für die Jahre ab 2007 liegen zum Zeitpunkt der Erstellung dieser Studie für die herangezogenen Indikatoren zur Darstellung des wirtschaftlichen und sozialen Zusammenhalts noch keine umfassenden Datensätze von Eurostat vor. Deswegen soll hier nur kurz auf die Entwicklungstrends eingegangen werden.

---

[129] Siehe Anhang A6: Die Mittelverteilung auf die Staaten.

[130] Vgl. z.B. Art. 1 der VO (EG) Nr. 1083/2006 des Rates vom 11. Juli 2006 mit allgemeinen Bestimmungen über den Europäischen Fonds für regionale Entwicklung, den Europäischen Sozialfonds und den Kohäsionsfonds und zur Aufhebung der Verordnung (EG) Nr. 1260/ 1999, ABl. L 210 vom 31.7.2006.

[131] Art. 174 Konsolidierte Fassung der Vertrags über die Arbeitsweise der Europäischen Union (AEUV), ABl. C115 vom 9.5.2008.

[132] KOM (2004c), S. 27..

[133] KOM(2008) 616 endgültig vom 6.10.2008.

Nach dem Beitritt von Rumänien und Bulgarien im Jahr 2007 besteht die EU nun aus 27 Mitgliedstaaten. Die regionalen Disparitäten innerhalb der EU haben sich dadurch weiter verstärkt. In einer Publikation der Generaldirektion Regionalpolitik stellt diese fest, dass „jeder dritte Unionsbürger – insgesamt 170 Millionen Bürger – in einer der ärmsten Regionen [, d.h. Ziel 1- Regionen] lebt".[134] Während das Pro-Kopf-BIP der Londoner Innenstadt 290 Prozent über dem EU-27-Durchschnitt liege, erreiche der Nordosten Rumäniens lediglich 23 Prozent dieses Durchschnitts.[135] Auch die vorhandenen Daten über die Arbeitslosenquoten zeigen, dass sich der Trend der vorangegangenen Jahre insgesamt fortsetzt. Wie teilweise auch bei den zehn MOEL sind die regionalen Unterschiede in Bulgarien und Rumänien diesbezüglich jedoch nicht so stark ausgeprägt wie in den westlichen EU-Mitgliedstaaten.

3.5. Abschließende Auseinandersetzung mit den quantitativen Ergebnissen

Ausgehend von der Leitfrage, welche Ergebnisse eine quantitative Betrachtung der europäischen Regionalpolitik von 1989 bis zur derzeitigen Förderperiode hinsichtlich ihrer Zielsetzung „Stärkung des wirtschaftlichen und sozialen Zusammenhalts liefert und inwiefern beide Dimensionen auf der Grundlage des Datenmaterials bereits in der EU verwirklicht sind, haben die gewonnen Erkenntnisse interessante Entwicklungen aufgezeigt.

Zunächst lässt sich feststellen, dass sich die EU im Grunde bereits seit der ersten Förderperiode in ungefähr zwei gleich große Lager spaltet und dass dieses Bild die europäische Regionenlandschaft bis heute charakterisiert. Die Anzahl der Staaten, deren Datenwerte jeweils unter dem EU-Durchschnitt liegen (zur Vereinfachung als „unteres Lager" bezeichnet) ist dabei mit Ausnahme der ersten Förderperiode etwas größer als die Anzahl der Staaten, die überdurchschnittliche Werte aufweisen (entsprechend als „oberes Lager" bezeichnet). Die Betrachtung der einzelnen Förderperioden hat überdies gezeigt, dass die vollzogene Erweiterung der EU um zehn neue Mitgliedstaaten im Jahr 2004 ein wesentlicher Wendepunkt für die weiteren Entwicklungen war, sodass man geneigt ist, von der Zeit nach und vor der Osterweiterung zu sprechen. Diese Erkenntnis wird auch sehr schön in einem Arbeitspapier eines Mitarbeiters der Europäischen Investitionsbank und eines Mitarbeiters des European Policies

---

[134] KOM (2008a), S .22.
[135] Ebenda.

Research Centre der Universität Strathclyde in Großbritannien bestätigt.[136] Die Erweiterung im Jahr 2004 bezeichnen sie zum einen als „most important development"[137] und an einer anderen Stelle sogar als „big-bang".[138]

Der Beitritt hatte zur Folge, dass das gemeinschaftliche BIP pro Kopf im Vergleich zur vorhergehenden Förderperiode lediglich um acht Prozent anstieg, das Wachstum in einer EU-15 jedoch 34 Prozent betragen hätte. Auch die durchschnittliche Arbeitslosenquote ist in der EU-25 um fast zwei Prozent größer als in einer EU-15. Die sich abzeichnende Annäherung des „unteren Lagers" an das „obere Lager" in der zweiten Förderperiode hat sich durch den Beitritt zudem ins Negative umgekehrt. Das Regionengefälle ist damit zum Teil größer als zu Beginn der europäischen Regionalpolitik im Jahr 1989.

Aufgrund der statistischen Daten kann man die interessante Feststellung machen, dass der wirtschaftliche Zusammenhalt insbesondere während der ersten beiden Förderperioden im „unteren Lager" stärker verwirklich ist als im „oberen Lager". Das bedeutet konkret, dass die Staaten mit einem unterdurchschnittlichen Pro-Kopf-BIP in der Regel geringe regionale Disparitäten aufweisen. Staaten mit überdurchschnittlichem Pro-Kopf-BIP verfügen dagegen meist über mindestens ein sehr starkes Wirtschaftszentrum, zu dessen Gunsten sich große regionale Unterschiede innerhalb des jeweiligen Landes herausbilden. Über die Jahre hat das Wachstum dieser wirtschaftsstarken Regionen auch immer mehr an Schwung gewonnen, während die „schwächeren" Regionen eher ein moderates Wachstum verzeichnen.

Im Grunde weist diese Polarität von starken Wirtschaftszentren auf der einen Seite und schwächeren Randregionen auf der anderen Seite auf einen gewissen Zielkonflikt zwischen dem Ziel 1 „Konvergenz" und Ziel 2 „Wettbewerbsfähigkeit" hin.[139]

Es scheint, dass eine Förderung von bereits starken Regionen zur weiteren Stärkung der Wettbewerbsfähigkeit, die Annäherung der rückständigen Regionen an den EU-Durchschnitt erschwert. Der Ausschuss für regionale Entwicklung des Europäischen Parlaments stellt dagegen fest, dass beide Ziele nicht im Widerspruch zueinander stünden, jedoch klar sein müsse, „in welchen Fällen die Hebelwirkung zu einem ver-

---

[136] Manzella, Gian Paolo & Mendez, Carlos (2009).
[137] Ebenda, S. 18, wichtigste Entwicklung (eigene Übersetzung).
[138] Ebenda, S.23.
[139] So auch: Becker, Peter (2009), S. 23.

stärkten Wachstum führe."[140] Eine Entscheidung zwischen dem einen oder anderen Ziel wird demnach nicht in Erwägung gezogen. Vielmehr versucht man einen „optimalen Ausgleich zwischen beidem zu finden".[141] Dabei bleibt jedoch die „Gefahr von Mitnahmeeffekten"[142] bei der Förderung von „reichen" Regionen und eine weitere Verstärkung regionaler Disparitäten bestehen.

Im Weiteren hat die Auswertung der Daten gezeigt, dass die Entwicklungen des sozialen Zusammenhalts in der EU nicht in allen Punkten mit den Entwicklungen des wirtschaftlichen Zusammenhalts übereinstimmen. So hatte der Beitritt der MOEL im Jahr 2004 nicht so starke negative Auswirkungen auf den sozialen Zusammenhalt wie auf den wirtschaftlichen Zusammenhalt. Die durchschnittliche Arbeitslosenquote der EU liegt zwischen 2000-2006 sogar geringfügig unter der durchschnittlichen Arbeitslosenquote der ersten Förderperiode. Im Allgemeinen ist erkennbar, dass die Arbeitslosenquote in wirtschaftsstarken Regionen wie Brüssel oder Inner London meistens besonders hoch ist, was dazu führt, dass große regionale Unterschiede dieses Mal zugunsten der Regionen mit geringer Wirtschaftskraft verschoben sind.

Interessant ist auch die Entwicklung der stark geförderten Länder Griechenland, Portugal, Spanien und Irland. Regionale Disparitäten beim Pro-Kopf-BIP der drei südeuropäischen Staaten haben sich zwar im Laufe der Jahre vergrößert, verblieben jedoch noch vergleichsweise gering. Dafür liegt das jeweilige nationale BIP pro Kopf nach wie vor weit unter dem EU-Durchschnitt. Hinsichtlich des sozialen Zusammenhalts sind die regionalen Unterschiede in Spanien bis zur heutigen Förderperiode weiterhin stark ausgeprägt. Nur Portugal weist von Anfang an eine unterdurchschnittliche Arbeitslosenquote auf.
Eindeutiger Gewinner, der in jeder Hinsicht gestärkt aus der Regionalförderung hervorgeht, ist Irland, das in der Rangfolge sowohl beim Pro-Kopf-BIP als auch bei der Arbeitslosenquote die vorderen Plätze einnimmt. Gleichzeitig ist dabei das Regionengefälle in beiden Fällen so gering ausgeprägt, dass wirtschaftlicher und sozialer Zusammenhalt von allen EU-Mitgliedstaaten in Irland am stärksten verwirklicht ist.

---

[140] EP (2007), S.17.
[141] Becker, Peter (2009), S. 23.
[142] Ebenda, S. 24.

Abschließend lässt sich festhalten, dass die europäische Regionalpolitik bedingt durch die Erweiterungsrunde im Jahr 2004 vor der großen Herausforderung steht, den wirtschaftlichen und sozialen Zusammenhalt, angesichts der stark angewachsenen regionalen Disparitäten in der EU, zu verwirklichen. Die Erfolgsgeschichte Irlands zeigt jedoch, dass der Weg vom einst „ärmsten Land"[143] hin zu einem der „wohlhabendsten Staaten der Union"[144] nicht nur von Wunschdenken geprägt ist.

---

[143] KOM (2005), S. 15.
[144] Ebenda.

4. Qualitative Effekte der europäischen Regionalpolitik auf den Zusammenhalt in Europa

Die quantitative Betrachtung in Abschnitt drei hat Aufschluss über viele unterschiedliche Aspekte des wirtschaftlichen und sozialen Zusammenhalts gegeben. Auf die Problematik der Wirklichkeitsreduktion bedingt durch die Heranziehung von lediglich zwei Indikatoren zur Beschreibung der Entwicklungen wurde bereits in Abschnitt zwei ausführlich eingegangen. Manche Kritiker bemerken darüber hinaus, dass es unklar sei, „ob sich die Erfolge vielleicht sowieso – auch ohne europäische Förderpolitik – [...] eingestellt hätten."[145] Wäre dies der Fall, dann könnten statistische Erhebungen nur einschränkend für eine Beurteilung der Wirkung europäischer Regionalpolitik herangezogen werden.

In der Überzeugung, dass Zusammenhalt gleich welcher Natur sich nicht nur in Zahlen messen lässt und „der Erfolg der Regionalpolitik (...) nicht nur unter statistischen Gesichtspunkten beurteilt werden [sollte]"[146], werden in diesem Abschnitt die qualitativen Dimensionen der europäischen Regionalpolitik kurz vorgestellt. Es ist davon auszugehen, dass auch solche nicht quantifizierbaren Effekte durchaus auf den Zusammenhalt in der EU einwirken. Der dadurch geschaffene Wert ist dabei wohl eher immaterieller Natur.

4.1. Effizientere Verwaltungsstrukturen

„Vergiss nicht, dass wir es nicht mit den schwächsten Ländern und Regionen zu tun haben. Wir haben es mit den schwächsten Verwaltungen zu tun."[147]
Dieses Zitat von Grigoris Varfis, der von 1986 bis 1989 zuständige griechische Kommissar für die Koordinierung der Strukturpolitik, mag zunächst etwas überspitzt klingen, jedoch hat er mit seiner Aussage nicht ganz Unrecht. Der Parlamentsausschuss für regionale Entwicklung stellt in einem Bericht fest, dass „ die Behörden in den armen Regionen oft nicht über die entsprechenden Voraussetzungen, Erfahrungen und erforderlichen Eigenmittel verfügen, um alle im Rahmen der Kohäsionspolitik für sie eingerichteten Fonds in Anspruch zu nehmen."[148] Dies erweist sich dann

---

[145] Köppen, Bernhard (2005), S. 601.
[146] KOM (2002b), S.1.
[147] Zitat von Grigoris Varfis entnommen aus KOM (2008a), S.32.
[148] EP (2007), S.5f.

als problematisch, wenn „die potentiellen Empfänger der Fonds nicht in der Lage sind, Mittel abzurufen oder Anträge zu stellen, um Mittel aus Fonds zu erhalten, die für sie in Betracht kommen."[149]

Eine Antragstellung ist in der Regel mit „viel Arbeit"[150], einem „hohen bürokratischen Aufwand"[151] und einigen „Hürden"[152] von der Antragsprüfung über das Entscheidungsverfahren und die Erteilung des Bewilligungsbescheides bis zur Programmabwicklung, des Mittelabrufs und die begleitende und nachträgliche Projektkontrolle verbunden. Mittlerweile gibt es in Deutschland „sogar Seminare, die von der Projektidee bis zum erfolgreichen Projektabschluss verhelfen sollen. (…) Ohne eine intensive Auseinandersetzung mit der Materie wird es jedoch nicht gelingen."[153] Das eigene Projekt steht dabei auch immer im Wettbewerb mit anderen Projektideen. Nur wenn der Förderantrag gezielt auf das jeweilige Projekt zugeschnitten und an die Förderrichtlinien angepasst ist, stehen die Aussichten auf eine Projektbewilligung gut. Die Einhaltung formaler Kriterien ist in diesem Zusammenhalt ebenfalls sehr wichtig.[154]

Auch wenn „die Staaten der alten EU-15 ein deutlich größeres Know-how bei der Beantragung und Inanspruchnahme von Fördermitteln besitzen"[155], wirken die Programmierungs- und Evaluationskonzepte als Anstöße für Lernprozesse in den Verwaltungen anderer Länder.[156] Dieser Effekt wird auch von einem Koordinator der Strukturfonds und des Kohäsionsfonds in Irland bestätigt und untermauert die Tatsache, dass die Auswirkungen der europäische Regionalpolitik nicht nur in der Statistik zum Ausdruck kommen: „Ganz abgesehen von den Zahlen haben wir mit den Strukturfonds auch viel gelernt. (…) Ihr Management hat erlaubt, nationale Praktiken und – sehr wichtig – die langfristige Planung und die Bewertung zu verbessern."[157]

---

[149] Ebenda, S. 6f.
[150] CDU-Landesgruppe Baden-Württemberg im Europäischen Parlament (Hrsg): EU-Förderung in Baden-Württemberg – Eine Zusammenstellung der wichtigsten Förderprogramme 2007-2013, S 8, http://www.wirtschaftsfoerderung-sbh.de/mcms.php?_oid=81f2772-c389-fe87-c88c-9b9d67b13bd98, abgerufen am 16.12.2009.
[151] Ebenda.
[152] Ebenda, S. 5.
[153] Ebenda, S. 8.
[154] Vgl. ebenda.
[155] Köppen, Bernhard (2005), S. 605.
[156] KOM(1999), S. 11.
[157] KOM (2005), S. 16.

Die nachhaltige Verbesserung von Verwaltungsstrukturen eines Landes, zunehmende Transparenz und größere Effizienz des organisatorischen Handelns, all dies sind Faktoren, welche letztlich auch die Demokratie in diesem Land langfristig stärken und stabilisieren. Ohne Zweifel lässt sich nachvollziehen, dass eine solche Entwicklung auch wesentlich zum Zusammenhalt innerhalb der jeweiligen Gesellschaft in qualitativer Weise beiträgt.

4.2. Der europäische Mehrwert

Viele europäische Förderkonzepte sind darauf ausgelegt, dass „der Zweck und der Ertrag eines Projektes oder einer Maßnahme über einen rein nationalen Nutzen hinausgehen sollte."[158] Grundgedanke ist dabei das „Voneinanderlernen und der gemeinschaftsweite Know-how-Transfer".[159] Insbesondere das Ziel 3 – Europäische Territoriale Zusammenarbeit der aktuellen Förderperiode mit seinen drei Ausrichtungen der grenzüberschreitenden, transnationalen und interregionalen Zusammenarbeit wird diesem Gedanken gerecht.

Viele Förderprogramme fordern die Bildung von Projektpartnerschaften von Regionen unterschiedlicher Staaten, wobei die Europäische Kommission dahin tendiert, „eher größere als kleinere Zusammenschlüsse zu fördern."[160] Der sechste periodische Bericht über die sozio-ökonomische Lage und Entwicklung der Regionen der Gemeinschaft stellt dabei ebenfalls fest, dass "die Strukturfonds (…) Anreiz und Gelegenheit für den Kontakt zwischen vielen verschiedenen Akteuren (…) [bieten], die ansonsten möglicherweise nicht zusammenarbeiten würden."[161]

Ein europäischer Mehrwert kann sich schließlich in vielen unterschiedlichen Formen manifestieren. Zu denken ist z.B. an die Stärkung von Fremdsprachen- und interkultureller Kompetenz, das Kennenlernen neuer Arbeitsweisen, die Bildung von Netzwerken, Kooperationen und eventuell sogar Freundschaften und nicht zu letzt ein gemeinsames Bewusstsein für die Aufgabe.

---

[158] http://www.eufis.de/eu-glossar.html?title=Europäische Dimension, abgerufen am 16.12.2009.
[159] Keune, Christian (2007), S. 11.
[160] Ebenda.
[161] KOM (1999), S. 11.

Besonders erfolgreich ist eine Zusammenarbeit über nationale Grenzen hinaus insbesondere dann, wenn der Mehrwert nicht schon bei den Projektpartnern endet, sondern idealerweise auch bei den Bürgern ankommt.

Aufschluss darüber liefert beispielsweise der Eurobarometer, eine von der Kommission regelmäßig in Auftrag gegebene öffentliche Meinungsumfrage in den Mitgliedstaaten. Fast 50 Prozent der Befragten sind sich bewusst, dass ihre Stadt oder Region europäische Fördermittel erhält. Davon wiederum finden 70 Prozent, dass ihre Region auch von der Förderung profitiert.[162]

Alles in allem hat die Abhandlung gezeigt, dass die qualitativen Dimensionen der europäischen Regionalpolitik großes Potential aufweisen und mindestens genauso stark auf den Zusammenhalt in Europa einwirken wie materielle Zuwendungen. Leider sind diese qualitativen Effekte nur sehr schwer oder gar nicht messbar, was dazu verleitet, sie gar nicht erst zu berücksichtigen. Aus meiner Sicht, sollten sie jedoch bei einer Betrachtung des wirtschaftlichen und sozialen Zusammenhalts nicht fehlen, zumal sie für die betroffenen Akteure meist nachhaltigere Wirkungen entfalten, als verallgemeinernde statistische Daten. Aus diesem Grund wurde auch die Beschreibung von qualitativen Merkmalen in diese Studie mit aufgenommen, um neben dem vorgestellten Zahlenmaterial in Abschnitt drei, auch eine weitere Betrachtungsweise der Thematik einfließen zu lassen.

---

[162] KOM (2008b), S. 5.

5. Schlussbetrachtung

Angesichts der EU- Osterweiterung im Jahr 2004 spricht die britische Wirtschaftszeitschrift "The Economist" in einem ihrer Artikel das aus, was die Europäische Kommission nicht auszusprechen vermag: „It will take the new members, on average, more than 50 years to draw level with the old ones."[163] In der Tat gibt diese Aussage einen ernüchternden Ausblick auf die Zukunft der europäischen Regionalpolitik und ihrem Ziel den wirtschaftlichen und sozialen Zusammenhalt in der EU zu stärken und die Konvergenz der zurückgebliebenen Regionen zu fördern, um regionale Disparitäten zu verringern.

Im Rahmen dieser Studie wurde genau diese Zielsetzung etwas näher unter die Lupe genommen. Bei der Gegenüberstellung von den auf statistischen Datenmaterial beruhenden quantitativen Ergebnissen mit einer Darstellung von qualitativen Dimensionen der europäischen Regionalpolitik ist deutlich geworden, dass sie einige Herausforderungen zu meistern hat und Schwachstellen bei ihrer Effektivität begründet, gleichzeitig jedoch auch einige überraschende Erfolge zu verbuchen hat und potentielle Stärken aufweist.

Abgesehen von der bereits erwähnten Erweiterungsrunde, welche einschneidende Auswirkungen auf den wirtschaftlichen und sozialen Zusammenhalt in der EU nach sich zog und das europäische Regionengefälle weiter verstärkte, liegt eine weitere Herausforderung der europäischen Regionalpolitik zweifellos in der Heterogenität ihrer Regionen. Besonders deutlich wurde dies bei der Darstellung der Regionenklassifikation NUTS im Grundlagenkapitel. Diese Ungleichartigkeit, welche sich in unterschiedlichen geographischen Bedingungen, Verwaltungsstrukturen und der Bevölkerungsdichte niederschlägt, führt unweigerlich dazu, dass jede Region gleich welcher Himmelsrichtung meist spezifische Probleme zu bewältigen hat. Allein schon aus diesem Grund wird eine europäische Regionalpolitik niemals allen Umständen gerecht werden können.
Bei der Darstellung des wirtschaftlichen Zusammenhalts konnte der Trend beobachtet werden, dass bereits wirtschaftsstarke Zentren über die Jahre hinweg weiteres Wachs-

---

[163] Ohne Verfasser (2003). Die neuen Mitgliedstaaten werden im Durchschnitt mehr als 50 Jahre benötigen, um mit den alten aufzuschließen (eigene Übersetzung).

tum verzeichnen, während abgelegene Regionen des Umlands nur ein mäßiges Wachstum aufweisen konnten. In diesem Zusammenhang wurde auf einen möglichen Zielkonflikt des Ziels 1 und des Ziels 2 hingewiesen. Zwar wird der größte Teil der Geldmittel für die rückständigen Regionen aufgewendet, um das Ziel einer höheren Konvergenz zu erreichen, daneben profitieren mitunter jedoch auch wirtschaftlich starke Regionen von Strukturfondsmittel im Rahmen des Ziels „Regionale Wettbewerbsfähigkeit und Beschäftigung".

Eine solche zweigleisige Förderstruktur birgt dabei die Gefahr in sich, ein weiteres Auseinanderdriften der Regionen zu begünstigen. Um diesen Effekt bestmöglich zu vermeiden, müsste man sich wohl oder übel für eines der beiden Ziele entscheiden, was jedoch das Problem mit sich bringt, dass die „reichen" Regionen wohl auf Dauer nicht zu zahlen bereit sind, ohne auch etwas aus dem Topf zurückzuerhalten. Auch Michael Theurer, Mitglied im Ausschuss für regionale Entwicklung des Europäischen Parlaments, sieht in einem Interview mit dem Staatsanzeiger Baden-Württemberg die „Gefahr, dass (…) eine Diskussion um Zahler- und Nehmerländer heraufbeschworen"[164] werde, wenn man die Ziel 2- Förderung in Frage stellte. Allerdings sei „der aktuelle Diskussionsstand (…), der, dass auf jeden Fall eine Überprüfung des Ziels zwei kommen soll."[165]

Die Darstellung des sozialen Zusammenhalts ist bereits bei der Formulierung eines geeigneten Indikators auf grundlegende Probleme gestoßen. Die Festlegung, was unter dem sozialen Zusammenhalt einer Region zu verstehen ist, scheitert im Wesentlichen schon an einer nicht vorhandenen allgemeingültigen Definition des Begriffs. Jedoch hat sich ergeben, dass die europäische Regionalpolitik bei ihrem Handeln hauptsächlich wirtschaftliche Aspekte in den Vordergrund stellt, weshalb auch der soziale Zusammenhalt im wirtschaftlichen Kontext betrachtet werden musste. Diese einseitige Betrachtungsweise, welche sich z.B. auch in den Förderkriterien der Ziele niederschlägt, wurde deshalb zu Recht bereits vom Europäischen Parlament und dem Rechnungshof kritisiert. Es wäre durchaus zu begrüßen, wenn auch „weiche" Faktoren, welche z.B. auch die OECD bei der Messung des sozialen Zusammenhalts heranzieht, stärker bei der Beurteilung der Förderfähigkeit mit einbezogen würden.

---

[164] Michael Theurer im Interview mit Stefanie Schlüter, Staatsanzeiger Baden-Württemberg (11.12.2009): Verfahrensvorschriften müssen noch mal kritisch überprüft werden, in: Staatsanzeiger – Wochenzeitung für Wirtschaft, Politik und Verwaltung in Baden-Württemberg, Jg. 159, Nr. 48, S. 5.
[165] Ebenda.

Dies und die Tatsache, dass keine andere Messgröße für eine Betrachtung herangezogen werden konnte, führten somit zwangsläufig dazu, dass die Entwicklungen des sozialen Zusammenhalts anhand des Indikators „Arbeitslosenquote in Prozent der Erwerbspersonen" dargestellt wurden. Dabei hat sich ergeben, dass sich wirtschaftlicher und sozialer Zusammenhalt durchaus unterschiedlich entwickeln. Oft weisen Regionen mit geringem Pro-Kopf-BIP auch eine geringe Arbeitslosenquote auf, während starke Wirtschaftsregionen hohe Arbeitslosenquoten verzeichnen. Diese unterschiedlichen Entwicklungen stellen die europäische Regionalpolitik ebenfalls vor große Herausforderungen.

Letztlich hat die Osterweiterung dazu geführt, dass sich bereits abzeichnende Erfolge durch eine Verstärkung regionaler Disparitäten ins Gegenteil verkehrt haben. Vor diesem Hintergrund müssen schließlich auch zukünftige potentielle EU-Erweiterungen und die Aufnahme von Kroatien, Mazedonien, der Türkei und Island beurteilt werden. Allerdings sind dies immer auch politische Entscheidungen, bei denen die Belange der europäischen Regionalpolitik nicht immer im Vordergrund stehen.

Aller negativen Entwicklungen und Schwachstellen zum Trotz konnten in dieser Studie jedoch auch die Erfolge und Stärken der europäischen Regionalpolitik herausgearbeitet werden. So ist es z.B. als positiv zu bewerten, dass zukünftige Beitrittskandidaten durch die beitrittsvorbereitenden Förderinstrumente an die EU herangeführt werden. Dabei lernen die Staaten sich an erforderliche Verwaltungsprozesse und – strukturen zu gewöhnen und anzupassen, damit der Beitritt zur EU nicht dem Wurf ins kalte Wasser gleicht. Davon profitieren letztlich auch die anderen Mitgliedstaaten. Bei der Betrachtung des wirtschaftlichen und sozialen Zusammenhalts war die Entwicklung Irlands, dem „keltischen Tiger", besonders interessant. Irland ist bis heute das einzige Land, welches die günstige Kombination aus hohem Wirtschaftswachstum und niedriger Arbeitslosenquote bei gleichzeitig geringen regionalen Disparitäten vereinigen konnte. Dabei spielte die Förderung durch die europäische Regionalpolitik eine wichtige Rolle, was beweist, dass ihre Bemühungen durchaus nicht ins Leere laufen. Schließlich dürfen die qualitativen Effekte der europäischen Regionalpolitik auf den Zusammenhalt in Europa nicht unberücksichtigt bleiben. Der Aufbau von effizienten Verwaltungsstrukturen insbesondere in den Regionen der MOEL und die Erzeugung eines europäischen Mehrwertes durch grenzüberschreitende Zusammenarbeit sind Beispiele, die deutlich für die europäische Regionalpolitik sprechen. Denn man könnte ja auch einmal darüber nachdenken, wo Europa heute ohne sie stünde.

Für die Zukunft der europäischen Regionalpolitik werden die Verantwortlichen wohl die Frage beantworten müssen, wie viel Zusammenhalt sie in der EU erreichen möchten und können. Die Antwort wird schließlich darüber entscheiden, inwiefern die europäische Regionalpolitik ihren Zielsetzungen in Zukunft auch gerecht werden wird und vielleicht sogar schon vor Ablauf von 50 Jahren auf eine ausgewogene und nachhaltige Entwicklung der Regionen hinwirken kann.

Anhangsverzeichnis[166]   Seite

---

[166] Die Anlagen von Anhang B und C basieren auf Tabellen und Datensätze, die mir auf Anfrage von Eurostat zur Verfügung gestellt wurden. Da diese Dateien Daten zu sämtlichen NUTS-Regionen enthalten, wurde aufgrund des Umfangs davon abgesehen, die Tabellen vollständig in den Anhang zu übernehmen. Stattdessen enthalten Anhang B und C nur die für diese Studie relevanten Zahlen.

Anhang A

- Allgemeines -

A1: Die NUTS-Ebenen und ihre entsprechenden Verwaltungseinheiten[167]

Mitgliedstaat	NUTS 1- Ebene	NUTS 2- Ebene	NUTS 3- Ebene
Belgien	Gewesten / Régions	Provincies/ Provinces	Arrondissementen / Arrondissements
Bulgarien	Rajoni	Rajoni za planirane	Oblasti
Tschechien	Území	Oblasti	Kraje
Dänemark		Regioner	Landsdeler
Deutschland	Länder	Regierungsbezirke	Kreise
Estland	-	-	Groups of Maakond
Finnland	Manner-Suomi, Ahvenananmaa / Fasta Finland, Åland	Suuralueet / Storområden	Maakunnat / Landskap
Irland	-	Regions	Regional Authority Regions
Griechenland	Groups of development regions	Periferies	Nomoi
Spanien	Agrupacion de comunidades Autonomas	Comunidades y ciudades Autonomas	Provincias + islas + Ceuta, Melilla
Frankreich	Z.E.A.T. + DOM	Régions + DOM	Départements + DOM
Italien	Gruppi di regioni	Regioni	Provincie
Zypern	-	-	-
Lettland	-	-	Régioni
Litauen	-	-	Apskritys
Luxemburg	-	-	
Ungarn	Statisztikai nagy régiók	Tervezési-statisztikai régiók	Megyék + Budapest
Malta	-	-	Gzejjer
Niederlande	Landsdelen	Provincies	COROP regio's
Österreich	Gruppen von Bundesländern	Bundesländer	Gruppen von politischen Bezirken
Polen	Regiony	Województwa	Podregiony
Portugal	Continente + Regiones autonomas	Comissaoes de Coordenaçao regional + Regioesautonomas	Grupos de Concelhos
Rumänien	Macroregiuni	Regiuni	Judet + Bucuresti
Schweden	Grupper av riksområden	Riksområden	Län
Slowenien	-	Kohezijske regije	Statistične regije
Slowakei	-	Oblasti	Kraje
Vereinigtes Königreich	Government Office Regions; Country	Counties (some grouped); Inner and Outer London; Groups of unitary authorities	Upper tier authorities or groups of lower tier authorities (unitary authorities or districts)

---

[167] Eigene Darstellung basierend auf: Eurostat (2007), S. 14 f.

A2: Überblick über die Förderperioden der europäischen Regionalpolitik[168]

Förderperiode	Ziele	Struktur- und Kohäsionsfonds	Gemeinschaftsinitiativen	Strategisches Konzept/ Etappen der Programmplanung
1989-1993	**Ziel 1:** Förderung der Entwicklung und der strukturellen Anpassung von Regionen mit Entwicklungsrückstand **Ziel 2:** Umstellung der Regionen, die von industriellem Niedergang schwer betroffen sind **Ziel 3:** Bekämpfung der Langzeitarbeitslosigkeit **Ziel 4:** Erleichterung der Eingliederung der Jugendlichen in das Erwerbsleben; **Ziel 5:** (a) beschleunigte Anpassung der Agrarstrukturen (b) Förderung der Entwicklung des ländlichen Raums	EFRE, ESF, EAGFL	INTERREG I EUROFORM NOW HORIZON LEADER I RESIDER I RECHAR I RETEX I RENVAL KONVER I REGIS I ENVIREG REGEN PRISMA TELEMATIQUE STRIDE	1. Regionale (Ziele 1,2,5b) und nationale (Ziele 3,4) Entwicklungspläne 2. Gemeinschaftliche Förderkonzepte (GFK)[169] 3. Operationelle Programme (OP)[170]

---

[168] Eigene Zusammenstellung basierend auf: KOM (2008a) und Schoof, Ulrich (2002), S. 48.

[169] Ein GFK umfasst Förderschwerpunkte, Interventionsformen und einen Finanzierungsplan, der die Interventionen nach Laufzeit, Betrag und beteiligten Strukturinstrumenten aufschlüsselt.

[170] OPs dienen der Durchführung eines GFK. Sie sind Bündel mehrjähriger Maßnahmen, zu deren Durchführung ein oder mehrere Fonds eingesetzt werden können.

Förderperiode	Ziele	Struktur- und Kohäsionsfonds	Gemeinschaftsinitiativen	Strategisches Konzept/ Etappen der Programmplanung
1994-1999	**Ziel 1:** Förderung von Regionen, die in ihrer Entwicklung zurückliegen **Ziel 2:** Umwandlung von Regionen, die vom industriellen Niedergang stark betroffen sind. **Ziel 3:** Bekämpfung der Langzeitarbeitslosigkeit und Erleichterung der beruflichen Eingliederung von Jugendlichen und von Personen, die vom Arbeitsmarkt ausgeschlossen sind, Förderung gleichberechtigter Beschäftigungsmöglichkeiten für Männer und Frauen **Ziel 4:** Förderung der Anpassung der Arbeitskräfte an den industriellen Wandel und an veränderte Produktionssysteme **Ziel 5:** Förderung der ländlichen Entwicklung durch **(a)** Beschleunigung der Anpassung der landwirtschaftlichen Strukturen im Rahmen der gemeinsamen Agrarpolitik und Förderung der Modernisierung und strukturellen Anpassung des Fischereisektors **(b)** Förderung der Entwicklung und der Strukturanpassung ländlicher Gebiete **Ziel 6:** Entwicklung und Strukturanpassung von Regionen mit einer äußerst niedrigen Bevölkerungsdichte (ab 1995)	EFRE, ESF, EAGFL, FIAF, Kohäsionsfonds	INTERREG II LEADER II REGIS II KONVER II BESCHÄFTIGUNG ADAPT RECHAR II KONVER II RETEX II PYME URBAN I PESCA PEACE	1. Regionale und nationale Entwicklungspläne 2. Gemeinschaftliche Förderkonzepte (GFK) 3. Operationelle Programme (OP) Einheitliches Programmplanungsdokument (EPPD)[171]

---

[171] Vereinfachtes Programmplannungsverfahren im Rahmen von Ziel 2 und kleineren Ziel 1- Programmen. In diesem Fall werden das GFK und das OP im EPPD zusammengefasst.

Förderperiode	Ziele	Struktur- und Kohäsionsfonds	Gemeinschaftsinitiativen	Strategisches Konzept/ Etappen der Programmplanung
2000-2006	**Ziel 1:** Förderung der Entwicklung und der Strukturanpassung der Regionen mit Entwicklungsrückstand **Ziel 2:** Unterstützung bei der wirtschaftlichen und sozialen Umstellung von Gebieten mit Strukturproblemen **Ziel 3:** Unterstützung der Anpassung und Modernisierung der Bildungs-, Ausbildungs- und Beschäftigungspolitiken und –systeme	EFRE, ESF, EAGFL, FIAF, Kohäsionsfonds	INTERREG III URBAN II LEADER + EQUAL	1. Regionale und nationale Entwicklungspläne 2. Gemeinschaftliche Förderkonzepte (GFK) 3. Operationelle Programme (OP) – – – – – – – – – – – – – – – – – – Einheitliches Programmplanungsdokument (EPPD)
2007-2013	**Ziel 1: „Konvergenz":** Beschleunigung der Konvergenz der Mitgliedstaaten und Regionen mit dem größten Entwicklungsrückstand, deren Pro-Kopf-BIP unter 75 % des EU-Durchschnitts beträgt. **Ziel 2: „Regionale Wettbewerbsfähigkeit und Beschäftigung":** Verbesserung von Wettbewerbsfähigkeit, Attraktivität und Beschäftigung von Regionen **Ziel 3: „Europäische Territoriale Zusammenarbeit":** Die Unterstützung im Rahmen der INTERREG-Initiative ist für die grenzübergreifende, transnationale und interregionale Zusammenarbeit sowie für Netzwerke verfügbar.	EFRE, ESF, Kohäsionsfonds	Keine	Strategische Kohäsionsleitlinen der Gemeinschaft[172] – – – – – – – – – – – – – – – – – – 1.Nationaler Strategischer Rahmenplan (NSRP) 2. Operationelle Programme (OP)

[172] Diese Leitlinien bilden einen einheitlichen Rahmen, unter dessen Berücksichtigung jeder Mitgliedstaat sein NSRP und seine OP ausarbeiten soll.

A3: Überblick über die Gemeinschaftsinitiativen[173]

Förderperiode 1989-1993		Förderperiode 1994-1999		Förderperiode 2000-2006	
GI	Beschreibung	GI	Beschreibung	GI	Beschreibung
INTERREG I	Grenzüberschreitende Zusammenarbeit zwischen benachbarten Regionen	INTERREG II	Grenzüberschreitende Zusammenarbeit (Teil A), Energienetze (Teil B), Zusammenarbeit in der Raumordnung (Teil C)	INTERREG III	Grenzüberschreitende (Teil A), transnationale (Teil B) und interregionale (Teil C) Zusammenarbeit in der Raumplanung
EUROFORM	Neue Berufsqualifikationen	Beschäftigung (NOW, HORIZON, YOUTHSTART, INTEGRA)	Unterstützung von Frauen, Behinderten, Jugendlichen und sozialen Randgruppen auf dem Arbeitsmarkt	URBAN II	Wirtschaftliche und soziale Wiederbelebung von mit akuten Problemen konfrontierten Städten und Stadtgebie-ten zur Förderung nachhaltiger städtischer Entwicklung
NOW	Förderung der Chancengleichheit im Bereich der Beschäftigung	ADAPT	Anpassung der Arbeitskräfte an den industriell-en Wandel und die Informationsgesellschaft	LEADER +	Ländliche Entwicklung über lokale Aktionsgruppen
HORIZON	Zugang von Behinderten und benachteiligten Gruppen zum Arbeitsmarkt	LEADER II	Entwicklung des ländlichen Raums	EQUAL	transnationale Zusammenarbeit für neue Praktiken zur Bekämpfung jeglicher Art der Diskriminierung und für gleiche Chancenverteilung auf dem Arbeitsmarkt
LEADER I	Ländliche Entwicklung und Neuentwicklung von Industriegebieten	RESIDER II	Wirtschaftlicher Strukturwandel der Stahlreviere		
RESIDER I	Umstellung der Stahlreviere	RECHAR II	Wirtschaftlicher Strukturwandel der Kohlereviere		
RECHAR I	Diversifizierung von Kohlegebieten	RETEX II	Wirtschaftlicher Strukturwandel in Gebieten, die von der Textilindustrie geprägt sind		
RETEX I	Diversifizierung in Gebieten mit großer Abhängigkeit von der Textil- und Bekleidungsindustrie	KONVER II	Wirtschaftlicher Strukturwandel in Gebieten, die von der Rüstungsindustrie geprägt sind		
RENAVAL	Umstellung von Schiffbaugebieten	REGIS II	Anbindung peripherer Regionen		
KONVER I	Diversifizierung in Gebieten mit großer Abhängigkeit von der Rüstungsindustrie	KMU	Steigerung der Wirtschaftlichkeit mittlerer und kleiner Unternehmen		
REGIS I	Integration der ultraperipheren Regionen	URBAN I	Wirtschaftliche und soziale Neubelebung städtischer Problemviertel		
ENVIREG	Regionales Aktionsprogramm im Umweltbereich	PESCA	Wirtschaftlicher Strukturwandel in Gebieten, die vom Fischereisektor abhängig sind		
REGEN	Energieverbundnetze	PEACE	Unterstützung des Friedensprozesses in Nordirland		
PRISMA	Vorbereitung der Unternehmen auf den Binnenmarkt				
TELEMATIQUE	Telematikdienste und -netze				
STRIDE	Förderung des regionalen Forschungs-, Technologie- und Innovationspotentials				

---

[173] Eigene Darstellung basierend auf: Schoof, Ulrich (2002), S. 65 und Westermann, Ralph (2007), S. 106.

A4: Budgetaufteilung des EU-Haushalts auf die einzelnen Ausgabenkategorien [174]

Förderperiode 1989-1993		
Ausgabenkategorie	Ausgaben (Mio. ECU, Preise von 1988, Preise von 1992 im Jahr 1993)	Prozent
EAGFL-Garantie	149.930	55,80%
Strukturpolitische Maßnahmen	**66.627**	**24,79%**
Sonstige Politikbereiche	26.375	9,82%
Verwaltung	20.280	7,55%
Reserven	5.500	2,05%
Gesamt	**268.712**	**100,00%**

Förderperiode 1994-1999		
Ausgabenkategorie	Ausgaben (Mio. ECU, Preise 1992)	Prozent
Agrarleitlinie	220.290	47,82%
Strukturpolitische Maßnahmen	**155.121**	**33,67%**
Interne Politikbereiche	27.647	6,00%
Externe Politikbereiche	28.450	6,18%
Verwaltung	22.200	4,82%
Reserven	6.900	1,50%
Gesamt	**460.708**	**100%**

Förderperiode 2000-2006		
Ausgabenkategorie	Ausgaben (Mio. €, Preise 1999)	Prozent
Landwirtschaft	307.520	44,71%
Strukturpolitische Maßnahmen	**234.999**	**34,71%**
Interne Politikbereiche	48.609	7,07%
Externe Politikbereiche	32.060	4,66%
Verwaltung	35.333	5,14%
Reserven	4.050	0,59%
Heranführungshilfe	21.840	3,18%
Sonstige	3.386	0,49%
Gesamt	**687.798**	**100%**

Förderperiode 2007-2013		
Ausgabenkategorie	Ausgaben (Mio. €, Preise 2004)	Prozent
Nachhaltiges Wachstum	383.580	44,39%
davon: Wettbewerbsfähigkeit	75.550	8,74%
davon: Kohäsion	**308.030**	**35,64%**
Bewahrung/Bewirtschaftung natürlicher Ressourcen	369.756	42,79%
Unionsbürgerschaft, Freiheit, Sicherheit und Recht	10.770	1,25%
EU als globaler Akteur	49.463	5,72%
Verwaltung	49.800	5,76%
Sonstige	800	0,09%
Gesamt	**864169**	**100%**

---

[174] Eigene Zusammenstellung basierend auf den jeweiligen Interinstitutionellen Vereinbarungen über die Haushaltsdisziplin und die Verbesserung des Haushaltsverfahrens: ABl. L 188 vom 15.7.88, ABl. C 331 vom 7.12.93, ABl. C 172 vom 18.6.99, ABl. L 128 vom 16.5.2008.

A5: Anteil der Ziele und Gemeinschaftsinitiativen am Gesamtbudget der europäischen Regionalpolitik [175]

Förderperiode		Ziel 1	Ziel 2	Ziel 3	Ziel 4	Ziel 5a	Ziel 5b	Ziel 6	Gemeinschafts-initiativen	Gesamt
1989-1993	Mio. ECU, Preise von 1994	43.818	6.130	6.669		4.150	2.254	-	5.285	68.306
	Anteil am Gesamt-budget	64,15%	8,97%	9,76%		6,08%	3,30%	-	7,74%	100%
1994-1999	Mio. ECU, Preise von 1994	93.972	15.349	12.888	2.246	6.155	6.860	697	14.019	152.186
	Anteil am Gesamt-budget	61,75%	10,09%	8,47%	1,48%	4,04%	4,51%	0,46%	9,21%	100%
2000-2006	Mio. €, Preise von 2004	153.653	22.454	26.148	-	-	-	-	11.553	213.808
	Anteil am Gesamt-budget	71,86%	10,50%	12,23%	-	-	-	-	5,40%	100%
2007-2013	Mio. €, Preise von 2004	251.161	49.130	7.750	-	-	-	-	-	308.041
	Anteil am Gesamt-budget	81,53%	15,95%	2,52%	-	-	-	-	-	100%

[175] Eigene Zusammenstellung basierend auf:
Für die Jahre 1989-1999: KOM (1996), S. 145
Für die Jahre 2000-2006: KOM (2004c), S. 180, 186.
Für die Jahre 2007-2013: KOM (2006a), S. 1.

A6: Die Mittelverteilung auf die Staaten[176]

Förderperiode 1989-1993

EG-Mitgliedstaat	Mittelverteilung (in Mio. ECU, Preise von 1994)						
	Ziel 1	Ziel 2	Ziele 3 und 4	Ziel 5a	Ziel 5b	Sonstige[177]	Gesamt
Luxemburg		12	11	29	3	22	77
Dänemark		25	171	233	21	28	478
Deutschland	2.955	581	1.054	914	511	416	6.431
Belgien		214	344	149	55	124	886
Niederlande		165	405	122	33	89	814
Frankreich	957	1.225	1.442	1.409	874	566	6.473
Irland	4.460					295	4.755
Vereinigtes Königreich	793	2.015	1.502	374	132	513	5.329
Italien	8.504	387	903	599	360	667	11.420
Spanien	10.171	1.506	837	321	265	1.129	14.229
Portugal	8.450					724	9.174
Griechenland	7.528					712	8.240
Gesamt	43.818	6.130	6.669	4.150	2.254	5.285	68.306
Anteil in %	64,15%	8,97%	9,76%	6,08%	3,30%	7,74%	100%

---

[176] siehe Fußnote 178.

[177] Gemeinschaftsinitiativen und PEACE (in Preisen von 1995).

Förderperiode 1994-1999

EU-Mitgliedstaat	Mittelverteilung (in Mio. ECU, Preise von 1994)								
	Ziel 1	Ziel 2	Ziel 3	Ziel 4	Ziel 5a	Ziel 5b	Ziel 6	Sonstige[178]	Gesamt
Spanien	26.300	2.415	1.474	369	446	664		2.781	34.449
Deutschland	13.640	1.566	1.631	260	1.145	1.227		2.212	21.681
Italien	14.860	1.462	1.316	399	815	901		1.897	21.650
Griechenland	13.980							1.154	15.134
Portugal	13.980							1.061	15.041
Frankreich	2.190	3.769	2.562	641	1.936	2.236		1.605	14.939
Vereinigtes Königreich	2.360	4.580	3.377		275	817		1.573	12.982
Irland	5.620							484	6.104
Niederlande	150	650	923	156	165	150		422	2.616
Belgien	730	341	396	69	195	77		288	2.096
Finnland[179]		179	254	83	354	190	450	151	1.661
Österreich	162	99	329	60	388	403		144	1.585
Schweden		157	342	170	129	135	247	126	1.306
Dänemark		116	263	38	267	54		102	840
Luxemburg		15	21	1	40	6		19	102
Gesamt	**93.972**	**15.349**	**12.888**	**2.246**	**6.155**	**6.860**	**697**	**14.019**	**152.186**
Anteil in %	61,75%	10,09%	8,47%	1,48%	4,04%	4,51%	0,46%	9,21%	100%

---

[178] Gemeinschaftsinitiativen und PEACE (in Preisen von 1995)
[179] kursive Schrift: neue Mitgliedstaaten der Förderperiode.

Förderperiode 2000-2006

EU-Mitgliedstaat	Mittelzuweisung 2000-2006 (Mio €, Preise von 2004)					
	Ziel 1	Ziel 2	Ziel 3	Kohäsionsfonds	Sonstige[180]	Gesamt
Spanien	38.096	2.651	4.540	11.160	2.250	58.697
Deutschland	19.958	3.509	4.581		1.748	29.796
Italien	22.122	2.522	3.744		1.247	29.635
Griechenland	20.961			3.060	858	24.879
Portugal	19.029			3.060	733	22.822
Vereinigtes König-reich	6.252	4.695	4.568		1.061	16.576
Frankreich	3.805	6.051	4.540		1.273	15.669
Irland	3.088			556	159	3.803
Niederlande	123	795	1.686		620	3.224
Finnland	913	489	403		316	2.121
Belgien	625	433	737		245	2.040
Schweden	722	406	403		375	1.906
Österreich	123	680	528		379	1.710
Dänemark		183	365		274	822
Luxemburg		40	53		15	108
Gesamt	135.817	22.454	26.148	17.836	11.553	213.808
Anteil in %	63,52%	10,50%	12,23%	8,34%	5,40%	100%
	Mittelzuweisung 2004-2006 (Mio. €, 1999)					
Polen[181]	7.321			3.733	315	11.369
Ungarn	1.765			994	88	2.847
Tschechien	1.286	63	52	836	150	2.387
Slowakei	921	33	40	510	57	1.561
Litauen	792			544	31	1.367
Lettland	554			461	21	1.036
Estland	329			276	13	618
Slowenien	210			169	27	406
Zypern		25	20	48	6	99
Malta	56			20	3	79
Gesamt	13.234	121	112	7.591	711	21.769
Anteil in %	60,79%	0,56%	0,51%	34,87%	3,27%	100%

---

[180] Gemeinschaftsinitiativen und FIAF
[181] kursive Schrift: neue Mitgliedstaaten der Förderperiode

EU-Mitgliedsstaat	Mittelzuweisung (Mio €, Preise von 2004)			
	Ziel 1	Ziel 2	Ziel 3	Gesamt
Polen	59.048		650	59.698
Spanien	23.411	7.628	497	31.536
Italien	19.255	5.640	752	25.647
Tschechien	22.979	373	346	23.698
Deutschland	14.323	8.370	756	23.449
Ungarn	20.243	1.865	343	22.451
Portugal	18.216	843	88	19.147
Griechenland	17.447	584	186	18.217
Bulgarien[182]	16.912		404	17.316
Frankreich	2.838	9.123	775	12.736
Slowakei	9.663	399	202	10.264
Vereinigtes König-reich	2.594	6.232	642	9.468
Litauen	5.999		97	6.096
Rumänien	5.888		159	6.047
Lettland	4.010		80	4.090
Slowenien	3.646		93	3.739
Estland	3.011		47	3.058
Belgien	579	1.268	173	2.020
Niederlande		1.477	220	1.697
Schweden		1.446	236	1.682
Finnland		1.426	107	1.533
Österreich	159	914	228	1.301
Irland		681	134	815
Malta	747		14	761
Zypern	193	363	24	580
Dänemark		453	92	545
Luxemburg		45	13	58
Nicht zugewiesen			392	392
Gesamt	251.161	49.130	7.750	308.041
Anteil in %	81,53%	15,95%	2,52%	100%

---

[182] kursive Schrift: neue Mitgliedstaaten der Förderperiode

86

Anhang B

- Der wirtschaftliche Zusammenhalt -

B1: Entwicklungen des BIP pro Kopfs

Förderperiode 1989-1993

EG-Mitgliedstaat (EG-12)	NUTS-2-Regionen	BIP pro Kopf (KKS)					Durchschnitt	Differenz/Ausmaß der Disparitäten
		1989	1990	1991	1992	1993		
Luxemburg		20.497,4	22.005,2	24.018,1	25.277,4	26.844,2	23.728,45	
Deutschland		15.900,6	17.609,7	16.314,6	17.293,5	17.342,2	16.892,13	
	Hamburg	24.444,6	27.601,9	29.819,0	30.836,0	30.566,3	28.653,52	20.729,98
	Brandenburg-Nordost			6.300,4	8.024,2	9.446,1	7.923,55	
Frankreich		15.104,5	16.089,0	17.129,5	17.519,5	17.224,9	16.613,49	
	Île de France	22.858,3	24.515,1	26.231,9	26.875,8	26.848,6	25.465,94	11.916,44
	Nord-Pas-de-Calais	12.336,9	13.074,7	14.089,9	14.286,3	13.959,8	13.549,50	
	Guyane							
Belgien		14.303,9	15.457,3	16.381,1	17.376,1	17.936,4	16.290,95	
	Région de Bruxelles-Capitale	22.146,1	24.009,4	25.410,0	27.114,0	28.004,6	25.336,83	13.397,38
	Provinz Hainaut	10.571,2	11.303,1	11.996,8	12.702,1	13.124,0	11.939,44	
Dänemark		14.352,5	15.281,5	16.504,7	16.786,7	17.684,3	16.121,93	
	Hovedstaden							
	Sjælland							
Italien		13.889,2	14.814,0	15.816,5	16.347,2	16.002,6	15.373,93	
	Lombardia	18.384,5	19.348,5	20.360,4	20.814,0	20.364,1	19.854,30	10.890,32
	Calabria	8.183,1	8.303,6	9.353,5	9.446,6	9.533,1	8.963,99	
Niederlande		13.695,5	14.774,7	15.496,4	16.072,2	16.438,3	15.295,43	
	Utrecht	14.495,0	15.815,8	16.499,5	17.571,9	18.212,7	16.518,98	5.111,39
	Flevoland	10.478,1	11.296,9	11.654,8	11.722,6	11.885,4	11.407,59	
Vereinigtes Königreich		13.586,4	14.404,4	14.670,6	15.440,6	15.682,2	14.756,83	
	Inner London							
	Cornwall and Isles of Scilly					11.376,9		
Spanien		10.423,0	11.270,6	12.373,4	12.544,9	12.700,3	11.862,44	
	Comunidad de Madrid	12.892,4	14.113,5	15.539,9	15.845,3	15.816,0	14.841,42	6.880,70
	Extremadura	6.804,9	7.333,8	8.174,4	8.369,0	9.121,4	7.960,71	
Irland		9.460,7	10.869,9	11.833,8	12.906,2	13.610,2	11.736,15	

	Southern and Eastern							
	Border, Midlands and Western							
Portugal		8.453,5	8.905,4	9.806,9	10.332,2	10.785,0	9.656,61	
	Lisboa						0,00	
	Norte	7.311,0	7.664,2	8.452,3	9.126,2	9.504,8	8.411,73	
Griechenland		8.235,9	8.538,9	9.249,2	9.883,4	10.237,7	9.229,02	
	Attiki	8.702,2	9.120,1	9.831,7	10.815,8	11.465,6	9.987,08	2.164,82
	Dytiki Ellada	6.900,3	7.154,8	7.922,9	8.436,3	8.697,0	7.822,26	
EG-12 (Durchschnitt)		13.158,59	14.168,40	14.966,23	15.648,32	16.040,70	14.796,45	10.608,64

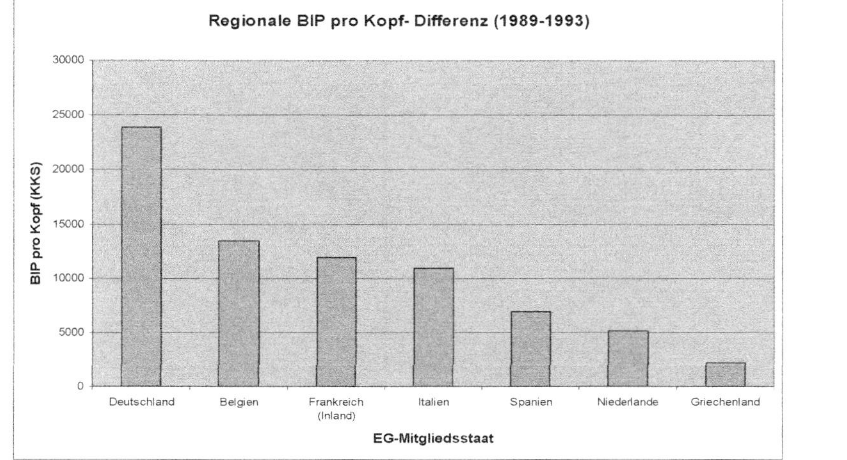

B1.1: Regionale Disparitäten beim BIP pro Kopf (1989-1993)[183]

---

[183] Eigene Darstellung.

Förderperiode 1994-1999

EU-Mitglied (EU-15)	NUTS-2-Regionen	BIP pro Kopf (KKS)						Durchschnitt	Differenz/Ausmaß der Disparitäten
		1994	1995	1996	1997	1998	1999		
Luxemburg		28.688,1	32.639,9	34.032,9	34.807,9	36.886,1	42.253,7	34.884,77	
Österreich[184]		18.580,3	19.852,6	20.837,6	21.492,5	22.509,9	23.607,1	21.146,67	
	Wien	27.366,7	28.565,9	30.249,3	30.841,0	31.975,8	33.587,7	30.431,06	16.860,64
	Burgenland	12.081,4	12.537,7	13.161,3	13.834,4	14.506,0	15.301,7	13.570,42	
Dänemark		19.040,5	19.321,2	20.415,0	21.595,9	22.385,0	23.292,2	21.008,31	
	Hovedstaden								
	Sjælland								
Niederlande		17.318,4	18.111,0	19.221,3	20.599,6	21.819,1	23.298,6	20.061,33	
	Utrecht	19.388,0	21.619,8	23.250,5	24.878,7	26.986,8	29.637,4	24.293,54	9.520,38
	Flevoland	12.990,3	13.807,1	13.970,5	15.049,5	15.680,4	17.141,2	14.773,16	
Belgien		18.879,7	18.876,9	19.350,4	20.370,0	20.840,4	21.885,0	20.033,73	
	Région de Bruxelles-Capitale	29.007,7	38.389,0	39.640,3	40.991,0	42.053,9	44.433,3	39.085,87	25.412,32
	Prov. Hainaut	13.696,2	12.937,3	13.238,1	13.587,5	13.994,5	14.587,7	13.673,55	
Deutschland		18.511,1	18.901,0	19.570,1	20.159,4	20.766,9	21.748,8	19.942,88	
	Hamburg	32.536,0	31.723,9	33.129,5	34.561,2	35.614,8	36.825,2	34.065,10	21.497,43
	Brandenburg-Nordost	10.980,4	11.749,5	12.576,5	12.926,8	13.229,0	13.943,8	12.567,67	
Schweden		16.442,2	18.375,6	19.209,9	20.022,1	20.777,6	22.318,9	19.524,38	
	Stockholm	20.057,9	23.500,2	25.294,7	27.321,0	28.808,6	31.245,6	26.038,01	8.976,69
	Östra Mellansverige	14.870,7	16.278,1	16.977,7	17.218,9	18.017,6	19.004,9	17.061,31	
Italien		16.950,8	17.740,7	18.505,6	19.307,4	20.318,0	20.931,1	18.958,93	
	Lombardia	21.735,6	23.422,1	24.491,9	25.492,6	26.865,5	27.368,1	24.895,97	13.566,03
	Calabria	9.787,3	10.574,4	10.941,3	11.634,6	12.202,4	12.839,7	11.329,94	
Irland		15.161,3	15.054,8	16.620,3	18.625,2	20.585,0	22.482,4	18.088,17	
	Southern and Eastern		16.357,7	18.003,7	20.404,0	22.516,7	24.645,5	20.385,52	6.461,94
	Border, Midlands and Western		11.471,2	12.806,7	13.695,3	15.207,3	16.437,4	13.923,58	
Frankreich		17.835,0	16.992,6	17.661,4	18.592,8	19.520,2	20.428,6	18.505,09	
	Île de France	27.804,2	25.848,5	27.035,0	28.515,5	29.685,6	31.880,6	28.461,57	13.665,99
	Nord-Pas-de-Calais	14.596,7	13.561,8	14.166,2	14.697,6	15.654,3	16.096,9	14.795,59	
	Guyane		9.760,0	9.222,9	9.809,3	11.085,9	11.459,9	10.267,60	18.193,97
Vereinigtes Königreich		16.405,9	16.337,7	17.481,5	18.842,0	19.653,5	20.597,5	18.219,68	

[184] kursive Schrift: neue Mitgliedstaaten der Förderperiode.

	Inner London	37.384,0	37.277,1	40.251,8	44.212,5	46.374,9	48.976,9	42.412,86	30.910,39
	Cornwall and Isles of Scilly	11.869,0	10.271,3	11.046,2	11.568,4	11.864,1	12.395,8	11.502,47	
Finnland		15.193,8	15.775,6	16.365,9	17.950,6	19.405,8	20.499,8	17.531,91	
	Åland	20.420,0	20.081,4	21.332,9	22.750,9	25.547,0	28.142,6	23.045,80	9.798,09
	Itä-Suomi	12.098,2	12.298,4	12.438,3	13.575,7	14.198,9	14.876,8	13.247,71	
Spanien		13.052,8	13.435,9	14.178,6	15.129,2	16.177,5	17.149,1	14.853,85	
	Comunidad de Madrid	16.313,0	17.568,3	18.580,1	19.971,2	21.809,5	23.226,8	19.578,15	9.984,31
	Extremadura	9.309,0	8.618,2	9.067,9	9.535,7	10.168,3	10.864,0	9.593,84	
Griechenland		10.902,5	12.335,0	12.882,3	13.715,9	14.135,4	14.733,4	13.117,41	
	Attiki	12.207,2	13.307,7	13.364,8	14.013,1	14.534,5	15.362,7	13.798,34	3.102,56
	Dytiki Ellada	9.353,6	10.232,9	10.743,9	11.060,1	11.360,4	11.423,8	10.695,78	
Portugal		11.622,4	10.983,9	11.560,0	12.344,0	12.993,3	13.938,9	12.240,42	
	Lisboa		15.469,1	16.249,3	17.607,8	18.698,3	19.386,2	17.482,14	7.191,31
	Norte	10.323,1	9.261,8	9.735,9	10.214,6	10.664,7	11.544,9	10.290,83	
EU-15 (Durchschnitt)		16.972,31	17.648,96	18.526,19	19.570,30	20.584,91	21.944,34	19.207,84	13.938,72
EG-12 (Durchschnitt)		17.030,70	17.560,88	18.456,62	19.507,44	20.506,70	21.894,94	19.159,55	14.500,60

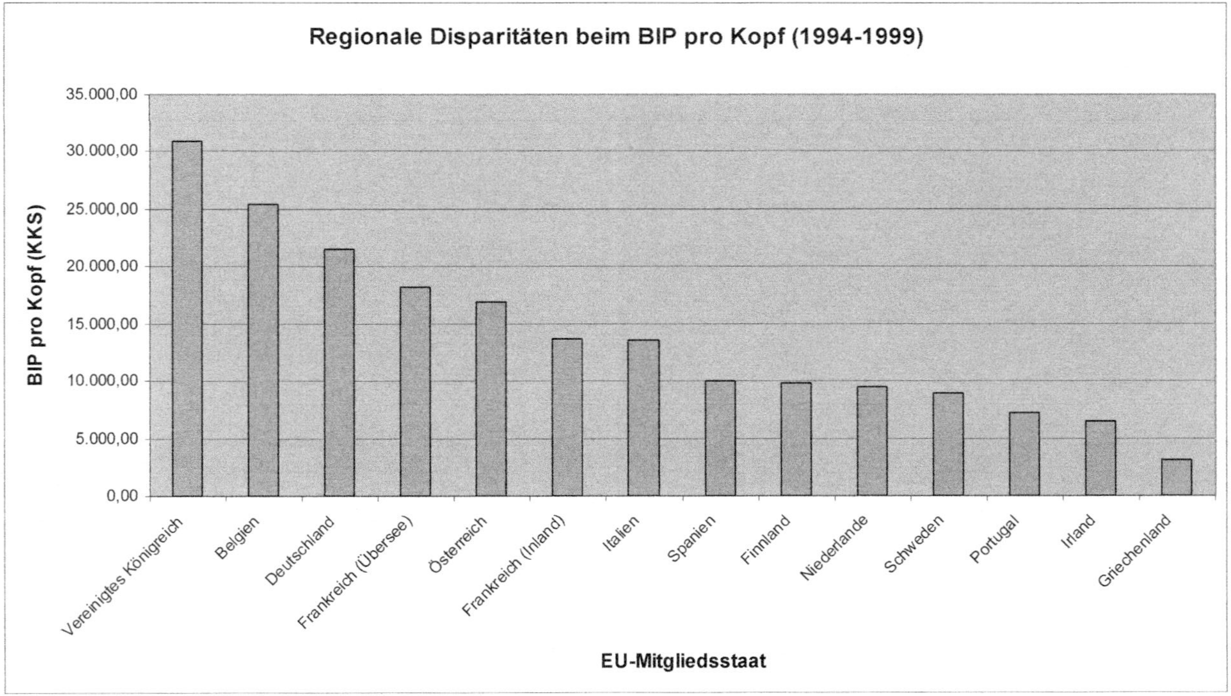

B1.2: Regionale Disparitäten beim BIP pro Kopf (1994-1999)[185]

185 Eigene Darstellung.

Förderperiode 2000-2006

EU-Mitglied (EU-25)	NUTS-2-Regionen	BIP pro Kopf (KKS)							Durch-schnitt	Differenz/Aus-maß der Dispa-ritäten
		2000	2001	2002	2003	2004	2005	2006		
Luxemburg		46.408,6	46.289,2	49.168,8	51.101,3	54.696,1	59.201,8	63.100	52.852,26	
Irland		24.883,1	26.200,3	28.227,0	29.109,2	30.640,1	32.196,8		28.542,75	
	Southern and Eastern	27.376,3	28.889,5	31.397,5	32.225,7	33.683,8	35.420,1	38.600	32.513,27	11.554,00
	Border, Midlands and Western	17.928,3	18.687,3	19.438,3	20.513,7	22.279,8	23.367,5	24.500	20.959,27	
Niederlande		25.566,8	26.437,0	27.293,2	26.803,2	27.970,6	29.374,3		27.240,85	
	Utrecht	32.142,6	33.641,7	33.985,3	32.762,0	33.998,7	35.481,6	36.900	34.130,27	13.643,09
	Flevoland	18.435,4	19.371,7	19.746,3	19.966,1	20.717,9	21.572,9	23.600	20.487,19	
Österreich		25.359,0	25.119,8	26.060,0	26.617,1	27.835,3	28.852,1		26.640,55	
	Wien	35.720,5	35.674,4	37.083,6	37.592,0	38.924,7	39.773,8	39.700	37.781,29	19.435,1
	Burgenland	16.630,3	16.796,1	17.879,1	18.519,0	19.321,8	19.877,1	19.400	18.346,20	
Dänemark		25.059,7	25.277,0	26.279,0	25.725,3	27.206,2	28.375,5		26.320,45	
	Hovedstaden						36.073,1	36.600	36.336,55	14.653,95
	Sjælland						21.265,2	22.100	21.682,60	
Belgien		23.973,0	24.410,5	25.586,7	25.476,4	26.135,5	27.134,6		25.452,78	
	Région de Bruxelles-Capitale	48.649,8	49.604,5	52.103,9	51.147,0	51.904,2	53.875,9	55.100	51.769,33	34.813,59
	Prov. Hainaut	15.886,2	16.137,5	16.727,9	16.791,1	17.128,9	17.818,6	18.200	16.955,74	
Schweden		24.134,1	24.011,8	24.781,6	25.416,9	27.008,0	27.721,2		25.512,27	
	Stockholm	33.511,7	32.723,1	33.946,6	34.539,5	37.150,7	38.573,5	39.200	35.663,59	13.385,11
	Östra Mellansverige	20.644,0	20.657,9	21.463,8	21.851,3	23.111,7	23.620,6	24.600	22.278,47	
Vereinigtes Königreich		22.259,3	23.251,1	24.228,9	24.761,1	26.366,3	26.714,9		24.596,93	
	Inner London	54.780,8	56.004,9	59.733,4	61.486,6	65.318,5	67.797,9	79.400	63.503,16	47.409,64
	Cornwall and Isles of Scilly	13.527,1	14.572,0	15.666,9	16.227,4	17.018,5	17.342,7	18.300	16.093,51	
Deutschland		22.561,6	23.059,6	23.571,1	24.152,1	25.187,6	25.797,1		24.054,85	
	Hamburg	38.139,3	39.896,6	40.738,3	41.907,8	43.885,1	45.271,3	47.200	42.434,06	26.411,73
	Brandenburg-Nordost	14.538,0	15.184,5	15.531,1	16.004,7	16.471,2	16.626,8	17.800	16.022,33	
Finnland		22.329,8	22.880,0	23.575,4	23.411,8	25.178,7	25.774,0		23.858,28	
	Åland	27.946,2	31.249,8	31.288,5	30.819,3	32.586,5	31.245,3	34.700	31.405,09	13.583,59
	Itä-Suomi	16.052,2	16.533,8	17.006,8	17.312,7	18.531,0	19.114,0	20.200	17.821,50	
Frankreich		21.963,9	22.872,1	23.728,8	23.163,8	23.831,5	25.076,9		23.439,50	

	Île de France	34.408,8	35.565,6	37.162,2	36.396,7	36.834,3	38.666,1	40.100	37.019,10	18.246,49
	Nord-Pas-de-Calais	17.148,9	17.783,7	18.619,9	18.327,1	18.881,3	19.847,4	20.800	18.772,61	
	Guyane	10.035,6	11.709,8	12.225,6	11.501,8	10.903,6	11.306,1	11.600	11.326,07	25.693,03
Italien		22.253,1	23.293,0	22.902,0	22.943,7	23.075,1	23.474,3		22.990,20	
	Lombardia	29.583,0	30.986,7	30.600,9	30.585,4	30.422,2	30.566,9	31.900	30.663,59	15.970,10
	Calabria	13.845,3	14.567,7	14.292,0	14.461,3	14.766,9	15.121,2	15.800	14.693,49	
Spanien		18.536,9	19.395,5	20.563,0	20.923,7	21.863,6	23.068,7		20.725,23	
	Comunidad de Madrid	25.200,5	26.196,2	27.425,5	27.591,5	28.650,6	29.997,2	32.100	28.165,93	14.162,19
	Extremadura	11.800,9	12.383,4	13.301,3	13.728,7	14.504,3	15.607,6	16.700	14.003,74	
Griechenland		16.006,9	17.233,6	18.568,0	19.062,9	20.279,5	21.588,7		18.789,93	
	Attiki	20.205,2	21.917,8	24.162,7	24.929,7	26.968,0	29.360,7	30.500	25.434,87	12.871,74
	Dytiki Ellada	11.143,0	11.713,7	12.329,2	12.633,4	12.788,1	13.234,5	14.100	12.563,13	
Zypern		16.899,7	17.971,1	18.264,6	18.425,4	19.552,0	20.753,0	21.300	19.023,69	
Slowenien		14.968,7	15.553,6	16.564,5	17.014,0	18.425,3	19.461,8		16.997,98	
	Zahodna Slovenija	17.795,6	18.629,1	19.832,7	20.581,1	22.177,5	23.453,5	24.900	21.052,79	6.524,01
	Vzhodna Slovenija	12.586,2	12.955,8	13.797,6	13.983,9	15.228,7	16.049,2	17.100	14.528,77	
Malta		15.925,3	15.399,2	16.273,9	16.239,5	16.596,6	17.329,8	18.200	16.566,33	
Portugal		14.856,1	15.284,3	15.761,4	15.887,3	16.147,2	16.891,0		15.804,55	
	Lisboa	21.103,3	21.567,6	22.240,3	22.379,5	22.787,0	23.816,1	25.200	22.727,69	9.792,34
	Norte	12.080,5	12.550,4	12.761,6	12.655,0	12.800,5	13.399,4	14.300	12.935,34	
Tschechien		13.035,2	13.887,8	14.416,1	15.211,5	16.259,0	17.155,8		14.994,23	
	Praha	26.015,1	28.718,6	30.200,2	31.899,8	33.444,5	35.900,6	38.400	32.082,69	19.649,09
	Moravskoslezsko	10.172,3	10.812,1	11.067,8	11.757,4	13.292,4	14.633,2	15.300	12.433,60	
Ungarn		10.676,0	11.629,5	12.578,6	13.111,7	13.673,6	14.392,9		12.677,05	
	Közép-Magyarország	16.409,6	18.288,1	20.401,2	20.740,2	21.591,2	23.489,0	24.900	20.831,33	12.384,37
	Észak-Magyarország	6.872,4	7.533,4	8.041,5	8.482,5	9.115,3	9.483,6	9.600	8.446,96	
Slowakei		9.533,8	10.341,6	11.071,1	11.487,5	12.357,3	13.563,3		11.392,43	
	Bratislavský kraj	20.679,9	22.784,4	25.016,1	25.834,8	27.922,8	33.124,1	35.100	27.208,87	18.461,59
	Východné Slovensko	7.170,0	7.924,1	8.398,3	8.559,4	9.116,3	9.662,9	10.400	8.747,29	
Estland		8.495,3	9.110,0	10.199,4	11.269,8	12.253,2	14.093,2	15.400	11.545,84	
Polen		9.187,5	9.402,8	9.879,4	10.132,8	10.961,7	11.481,8		10.174,33	
	Mazowieckie	13.873,6	14.717,0	15.252,2	15.751,8	16.693,1	18.184,4	19.700	16.310,30	8.997,66
	Podkarpackie	6.409,3	6.622,9	6.923,5	7.162,9	7.643,3	7.926,6	8.500	7.312,64	
Litauen		7.478,4	8.193,8	9.011,4	10.141,0	10.906,6	11.914,1	13.100	10.106,47	

Lettland		6.988,3	7.656,6	8.431,0	8.977,0	9.884,0	11.180,3	12.400	9.359,60	
EU-25 (Durchschnitt)		18.773,60	19.366,43	20.279,40	20.662,64	21.771,62	22.902,72		20.786,37	17.882,12
EU-15 (Durchschnitt)		23.743,46	24.334,32	25.352,99	25.637,05	26.894,75	28.082,79		25.788,09	19.441,71
EG-12 (Durchschnitt)		23.616,95	24.311,50	25.365,04	25.733,47	26.933,43	28.186,69		25.833,51	20.329,42

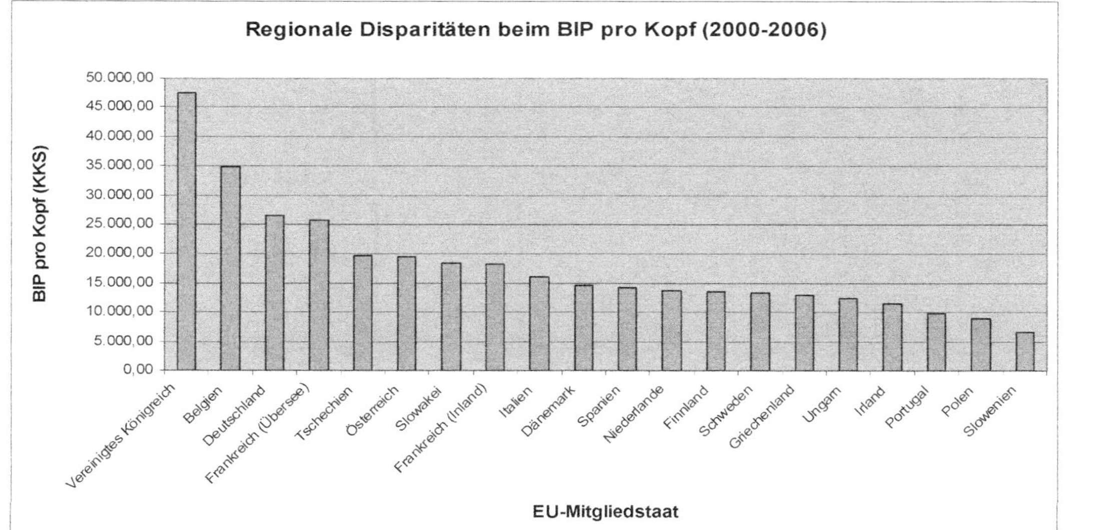

B1.3: Regionale Disparitäten beim BIP pro Kopf (2000-2006)[186]

---

[186] Eigene Darstellung.

Anhang C

- Der soziale Zusammenhalt -

C1: Entwicklungen der Arbeitslosenquote

Förderperiode 1989-1993

EG-Mitglied (EG-12)[187]	NUTS-2-Regionen[188]	Arbeitslosenquote (in %, Männer und Frauen 15-74 Jahre)					Durchschnitt	Differenz/Ausmaß der Disparitäten
		1989	1990	1991	1992	1993		
Luxemburg		1,8	1,7	1,6	2,1	2,6	1,96	
Portugal		5,2	4,8	4,2	4,1	5,5	4,76	
	Centro	3,2	2,3	2,6	2,6	3,6	2,86	
	Alentejo	12,2	11,2	9,6	7,8	8,9	9,94	7,08
Niederlande		6,6	5,8	5,5	5,3	6,2	5,88	
	Utrecht	6,6	5,9	4,3	4,2	5	5,2	
	Groningen	12,7	13,1	10,4	8,7	8,3	10,64	5,44
Deutschland					6,3	7,6	6,95	
	Oberbayern	3,3	3,2	2,4	2,3	3,9	3,02	
	Dessau			8,7	14,7	17,1	13,5	10,48
Belgien		7,4	6,6	6,4	7,1	8,6	7,22	
	Prov. West-Vlaanderen				2,8	3,8		
	Région de Bruxelles-Capitale							
Dänemark		6,8	7,2	7,9	8,6	9,6	8,02	
	Keine Daten vorhanden							
Vereinigtes Königreich		7,1	6,9	8,6	9,8	10,2	8,52	
	Berkshire, Bucks and Oxfordshire							
	Inner London							
Italien		9,7	8,9	8,5	8,8	9,8	9,14	
	Provincia Autonoma Bolzano-Bozen	3,5	2,7	3,4	4,6	3,9	3,62	17,52

[187] Jahresdurchschnittsdaten
[188] Frühjahrsdaten

	Calabria	25,4	21,7	21,6	17,5	19,5	21,14	
Frankreich		8,8	8,4	8,9	9,8	11	9,38	
	Alsace	6,6	4,9	4,7	5,9	8,3	6,08	
	Nord-Pas-de-Calais	14,5	13,8	14,3	15,6	16,3	14,9	8,82
	Corse	13,8	18,1	15,6	9,4	11,8	13,74	7,66
Spanien		13,9	13	13	14,7	18,4	14,6	
	Comunidad Foral de Navarra	11,4	10,9	10,4	10,7	13,5	11,38	
	Andalucia	27	25,8	24,5	26,9	32,3	27,3	15,92
Irland		14,7	13,4	14,7	15,4	15,6	14,76	
	Southern and Eastern							
	Border, Midlands and Western							
Griechenland								
	Kriti	2,6	2,4	3,9	3,3	3,5	3,14	
	Dytiki Makedonia	6,3	10	7,9	7,4	9,8	8,28	5,14
EG-12 (Durchschnitt)		8,2	7,7	7,9	8,4	9,6	8,3	9,8

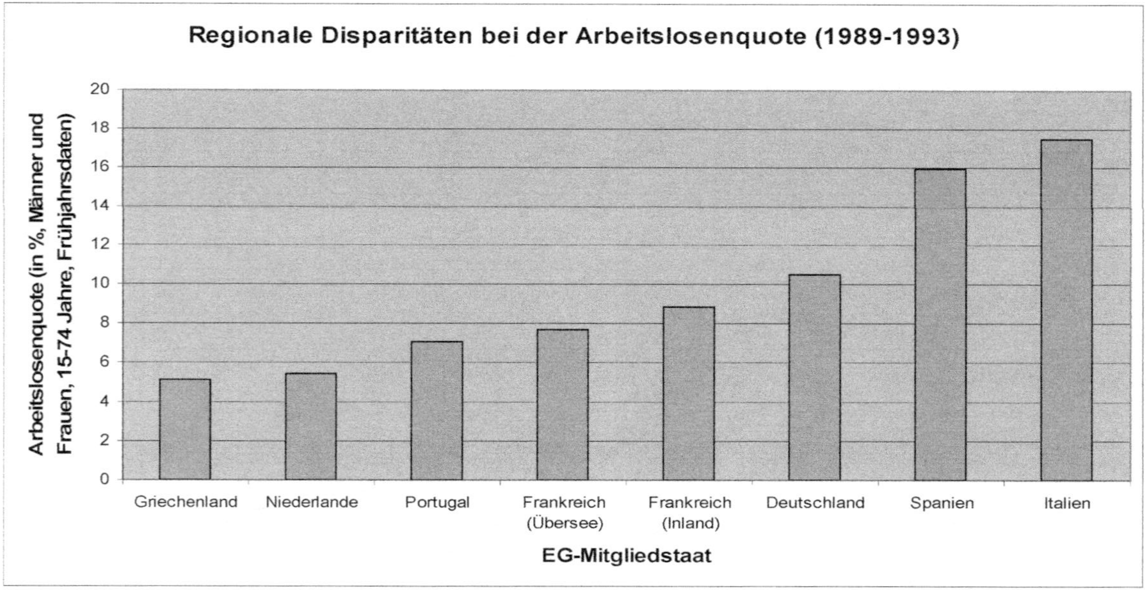

C1.1: Regionale Disparitäten bei der Arbeitslosenquote (1989-1993)[189]

---

[189] Eigene Darstellung.

Förderperiode 1994-1999

EU-Mitglied (EU-15)[190]	NUTS-2-Regionen[191]	Arbeitslosenquote (in %, Männer und Frauen, 15-74 Jahre)						Durchschnitt	Differenz/Ausmaß der Disparitäten
		1994	1995	1996	1997	1998	1999		
Luxemburg		3,2	2,9	2,9	2,7	2,7	2,4	2,80	
Österreich[192]		3,8	3,9	4,3	4,4	4,5	3,7	4,10	
	Tirol		3,5	4,3	3,9	3,8	3,3	3,76	3,20
	Wien		5,7	7,4	7,2	7,8	6,7	6,96	
Niederlande		6,8	6,6	6,0	4,9	3,8	3,6	5,28	
	Utrecht	5,3	5,5	4,8	4,0	3,7	2,6	4,32	4,43
	Groningen	8,9	9,2	11,3	9,0	7,5	6,6	8,75	
Dänemark		7,7	6,7	6,3	5,2	4,9	5,6	6,07	
	Keine Daten vorhanden								
Portugal		6,8	7,2	7,2	6,7	5,0	4,5	6,23	
	Centro	4,4	3,9	4,1	3,3	2,6	2,5	3,47	6,62
	Alentejo	11,4	11,4	12,2	10,2	7,9	7,4	10,08	
Vereinigtes Königreich		9,3	8,5	7,9	6,8	6,1	6,0	7,43	
	Berkshire, Bucks and Oxfordshire			4,6	3,6	2,8	2,6	3,40	8,80
	Inner London			15,4	12,5	11,4	9,5	12,20	
Deutschland		8,2	8,0	8,7	9,4	9,1	8,9	8,72	
	Oberbayern	4,7	4,9	4,7	5,3	5,0	4,0	4,77	14,85
	Dessau	16,4	16,1	19,1	21,8	23,3	21,0	19,62	
Schweden		9,4	8,8	9,6	9,9	8,2	7,6	8,92	
	Stockholm		6,7	6,2	7,5	5,8	3,9	6,02	5,50
	Övre Norrland		11,3	12,2	12,0	10,6	11,5	11,52	
Belgien		9,8	9,7	9,5	9,2	9,3	8,6	9,35	
	Prov. West-Vlaanderen	5,8	5,8	5,7	5,0	4,9	4,1	5,22	10,78
	Région de Bruxelles-Capitale			15,7	16,0	16,4	15,9	16,00	
Irland		14,3	12,3	11,7	9,9	7,5	5,8	10,25	

---

[190] Jahresdurchschnittsdaten.
[191] Frühjahrsdaten.
[192] kursive Schrift: neue Mitgliedstaaten der Förderperiode.

Southern and Eastern					7,5	5,4	6,45	1,10
Border, Midlands and Western					8,2	6,9	7,55	
Italien	10,6	11,2	11,2	11,3	11,4	11,4	11,18	
Provincia Autonoma Bolzano-Bozen	4,3	3,7	3,2	3,8	3,9	2,3	3,53	20,80
Calabria	20,4	22,1	24,1	24,0	27,3	28,1	24,33	
Frankreich	11,6	11,0	11,5	11,5	11,0	12,0	11,43	
Alsace	8,9	7,5	7,9	8,3	8,0	7,5	8,02	10,35
Nord-Pas-de-Calais	17,7	18,0	18,8	18,9	18,7	18,1	18,37	
Corse	10,1	16,9	21,8	23,4	23,8	26,0	20,33	12,32
Griechenland					10,8	12,1	11,45	
Kriti	3,8	4,1	3,4	4,3	7,4	7,6	5,10	8,00
Dytiki Makedonia	9,1	13,2	16,3	13,8	11,8	14,4	13,10	
Finnland	16,6	15,4	14,6	12,7	11,4	10,2	13,48	
Åland		3,5	2,1	2,9	3,4	1,5	2,68	16,40
Pohjois-Suomi		19,8	19,6	20,8	18,9	16,3	19,08	
Spanien	19,5	18,4	17,8	16,7	15,0	15,7	17,18	
Comunidad Foral de Navarra	14,9	13,0	11,6	10,1	9,3	8,3	11,20	19,85
Andalucia	34,4	33,2	32,3	31,3	29,4	25,7	31,05	
EU-15 (Durchschnitt)	9,83	9,33	9,23	8,66	8,05	7,87	8,93	10,21
EG-12 (Durchschnitt)	9,80	9,32	9,15	8,57	8,05	8,05	8,95	10,72

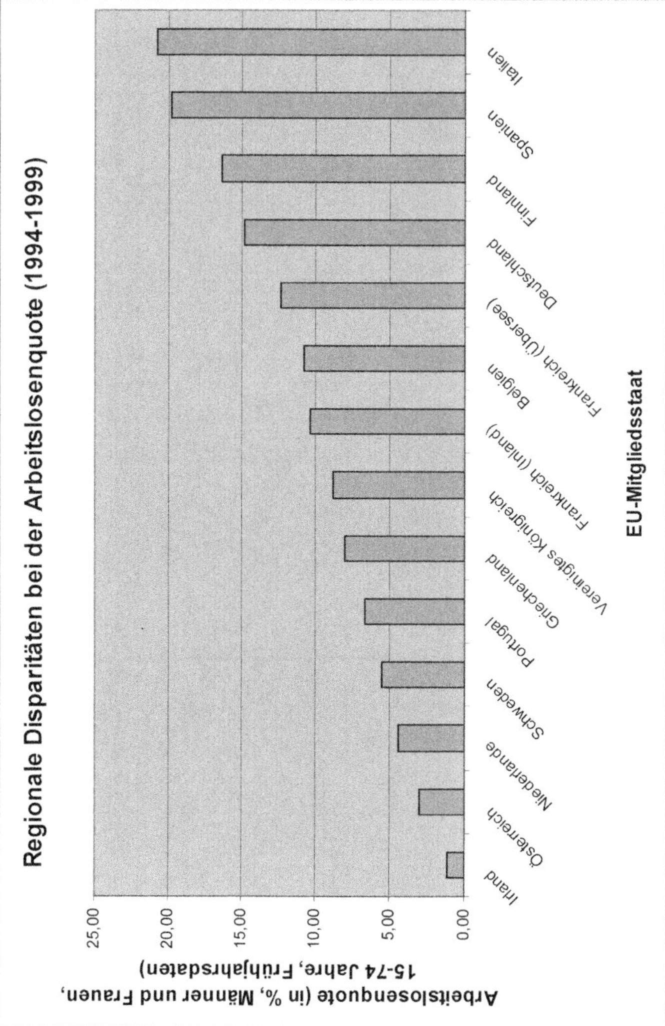

C1.2: Regionale Disparitäten bei der Arbeitslosenquote (1994-1999)[193]

193 Eigene Darstellung.

Förderperiode 2000-2006

EU-Mitglied (EU-25)[194]	NUTS-2-Regionen[195]	Arbeitslosenquote (in %, Männer und Frauen, 15-74 Jahre)							Durchschnitt	Differenz/ Ausmaß der Disparitäten
		2000	2001	2002	2003	2004	2005	2006		
Luxemburg		2,3	1,8	2,6	3,7	5,1	4,5	4,7	3,53	
Niederlande		2,9	2,3	2,8	3,7	4,5	4,7	3,9	3,54	
	Utrecht	2,1	1,2	2,3	3,9	3,7	3,8	3,3	2,90	1,96
	Groningen	4,4	3,9	3,5	4,6	6,0	6,6	5,0	4,86	
Österreich		3,5	3,6	4,0	4,3	4,9	5,1	4,7	4,30	
	Tirol	3,0	2,9	2,4	3,1	2,6	3,5	2,9	2,91	5,24
	Wien	7,5	6,0	7,7	8,3	9,7	9,1	8,8	8,16	
Irland		4,3	3,9	4,4	4,7	4,5	4,3	4,4	4,36	
	Southern and Eastern	3,9	3,4	3,8	4,2	4,4	4,3	4,3	4,04	0,89
	Border, Midlands and Western	5,7	4,5	5,4	5,3	4,6	4,4	4,6	4,93	
Zypern[196]		5,0	4,0	3,3	4,1	4,3	5,3	4,5	4,36	
Dänemark		3,8	4,6	4,6	5,4	5,5	4,8	3,9	4,66	
	Keine Daten vorhanden									
Vereinigtes Königreich		5,6	5,0	5,1	5,0	4,7	4,7	5,3	5,06	
	Berkshire, Bucks and Oxfordshire	2,2	2,9	3,8	3,8	3,8	3,5	3,9	3,41	5,17
	Inner London	9,4	7,8	8,9	8,6	8,9	7,8	8,7	8,59	
Portugal		4,0	4,0	5,0	6,3	6,6	7,6	7,7	5,89	
	Centro	1,9	2,8	2,8	3,4	4,0	5,2	5,5	3,66	3,86
	Alentejo	5,6	5,4	7,1	7,4	8,8	9,1	9,2	7,51	
Schweden		5,4	4,8	5,1	5,7	6,5	7,5	7,0	6,00	
	Stockholm	3,2	3,3	4,0	5,1	5,7	6,7	6,1	4,87	2,67
	Övre Norrland	9,0	6,0	6,1	6,8	7,7	8,7	8,5	7,54	
Ungarn		6,4	5,7	5,8	5,9	6,1	7,2	7,5	6,37	
	Nyugat-Dunántúl	4,4	3,8	3,7	4,6	4,4	5,9	5,7	4,64	4,96

[194] Jahresdurchschnittsdaten.
[195] Frühjahrsdaten, ab 2005 Jahresdurchschnittsdaten.
[196] kursive Schrift: neue Mitgliedstaaten der Förderperiode.

		10,0	8,1	8,2	9,8	9,5	10,6	11,0	9,60	
	Észak-Magyarország	10,0	8,1	8,2	9,8	9,5	10,6	11,0	9,60	
Slowenien		6,7	6,2	6,3	6,7	6,3	6,5	6,0	6,39	
	Zahodna Slovenija		4,7	5,0	4,9	4,7	5,2	4,6	4,85	2,30
	Vzhodna Slovenija		6,5	6,7	7,9	7,1	7,6	7,1	7,15	
Malta		6,3	7,1	6,9	7,6	7,2	7,3	7,3	7,10	
Belgien		7,0	6,6	7,5	8,2	8,4	8,4	8,2	7,76	
	Prov. West-Vlaanderen	3,0	1,9	4,5	3,9	3,2	4,7	4,2	3,63	11,49
	Région de Bruxelles-Capitale	14,9	13,0	15,8	14,7	13,5	16,3	17,6	15,11	
Tschechien		8,8	8,2	7,3	7,8	8,3	7,9	7,1	7,91	
	Praha	4,0	3,8	3,4	4,2	3,9	3,5	2,8	3,66	10,09
	Moravskoslezsko	14,1	15,2	12,4	14,0	14,6	13,9	12,0	13,74	
Italien		10,6	9,5	9,0	8,6	8,0	7,7	6,8	8,60	
	Provincia Autonoma Bolzano-Bozen	2,4	2,2	1,1	1,8	3,2	2,8	2,6	2,30	18,44
	Calabria	27,3	25,0	25,7	25,0	14,9	14,4	12,9	20,74	
Finnland		9,8	9,1	9,1	9,0	8,8	8,4	7,7	8,84	
	Åland	2,2	3,5	7,0	2,7	2,8	3,6	3,4	3,60	10,40
	Pohjois-Suomi	15,8	15,2	16,0	15,5	14,0	11,1	10,4	14,00	
Frankreich		10,2	9,1	9,2	8,9	9,3	9,3	9,3	9,33	
	Alsace	6,5	6,1	6,7	7,2	8,4	7,0	6,6	6,93	6,31
	Nord-Pas-de-Calais	16,7	14,0	13,4	10,4	12,6	13,2	12,4	13,24	
	Corse	22,8	11,8	13,2	14,7	15,8	10,9	11,1	14,33	7,40
Deutschland		7,9	7,8	8,5	9,8	10,7	11,1	10,2	9,43	
	Oberbayern	3,0	2,8	3,4	5,0	5,3	5,8	5,3	4,37	16,90
	Dessau	20,0	21,3	21,0	22,1	23,7	21,2	19,6	21,27	
Estland		13,6	12,6	10,3	10,0	9,7	7,9	5,9	10,00	
Griechenland		11,4	10,8	10,3	9,7	10,5	9,8	8,9	10,20	
	Kriti	7,2	6,3	6,7	5,2	5,9	7,1	7,0	6,49	9,20
	Dytiki Makedonia	15,0	16,3	13,9	16,0	16,4	18,0	14,2	15,69	
Spanien		13,9	10,5	11,5	11,5	11,0	9,1	8,5	10,86	
	Comunidad Foral de Navarra	4,5	4,3	5,1	5,4	5,4	5,6	5,3	5,09	12,51
	Andalucia	24,2	18,1	18,9	18,1	17,4	13,8	12,7	17,60	
Lettland		14,2	13,1	12,1	10,5	10,4	8,9	6,8	10,86	
Litauen		15,9	16,8	13,7	12,4	11,4	8,3	5,6	12,01	

Slowakei		18,8	19,3	18,7	17,5	18,2	16,2	13,4	17,44	
	Bratislavský kraj	7,5	7,7	8,7	6,9	9,1	5,3	4,6	7,11	15,64
	Východné Slovensko	24,6	24,4	22,3	20,8	25,0	23,1	19,1	22,76	
Polen		16,1	18,2	19,9	19,6	18,9	17,7	13,9	17,76	
	Malopolskie	11,6	12,9	15,6	17,7	16,8	15,3	12,6	14,64	5,16
	Zachodniopomorskie	20,4	21,5	26,7	26,7	23,8	22,7	17,2	19,80	
EU-25 (Durchschnitt)		8,58	8,18	8,12	8,26	8,39	8,01	7,17	8,10	8,24
EU-15 (Durchschnitt)		6,84	6,23	6,58	6,97	7,27	7,13	6,75	6,82	8,08
EG-12 (Durchschnitt)		7,13	6,34	6,75	7,15	7,48	7,39	7,08	7,05	8,56

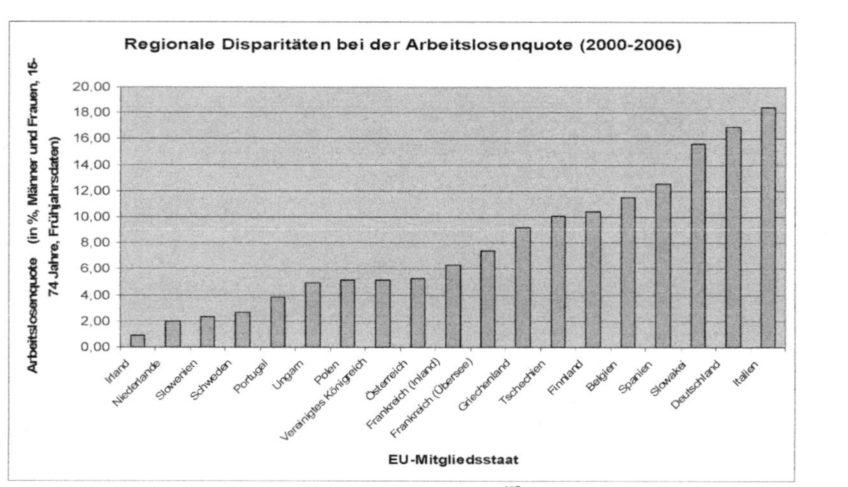

C1.3: Regionale Disparitäten bei der Arbeitslosenquote (2000-2006)[197]

---

[197] Eigene Darstellung.

Förderperiode 2007-2013[198]

EU-Mitglied (EU-25)	NUTS-2-Regionen	Arbeitslosenquote (in %, Männer und Frauen, 15-74 Jahre)		Durch-schnitt	Diffe-renz/ Ausmaß der Dis-paritäten
		2007	**2008**		
Niederlande		3,2	2,8	3,00	
	Utrecht	2,7	2,1	2,40	2,05
	Groningen	4,9	4,0	4,45	
Zypern		3,9	3,7	3,80	
Dänemark		3,8	4,1	3,95	
	Midtjylland	3,3	3,1	3,20	0,85
	Hovedstaden	4,3	3,6	3,95	
Österreich		4,4	4,2	4,30	
	Tirol	2,8	2,4	2,60	4,90
	Wien	8,3	6,7	7,50	
Slowenien		4,8	4,3	4,55	
	Zahodna Slovenija	3,9	3,4	3,65	1,75
	Vzhodna Slovenija	5,6	5,2	5,40	
Luxemburg		4,1	5,1	4,60	
Tschechien		5,3	4,7	5,00	
	Praha	2,4	1,9	2,15	5,80
	Moravskoslezsko	8,5	7,4	7,95	
Litauen		4,3	5,8	5,05	
Estland		4,7	5,5	5,10	
Vereinigtes Königreich		5,2	6,5	5,85	
	Berkshire, Bucks and Oxfordshire	4,0	4,1	4,05	3,85
	Inner London	8,0	7,8	7,90	
Malta		6,5	6,0	6,25	
***Bulgarien*[199]**		6,9	5,4	6,15	
	Yugozapaden	3,9	2,9	3,40	6,30
	Severoiztochen	10,8	8,6	9,70	
Rumänien		6,4	5,9	6,15	
	Bucuresti-Ilfov	4,1	3,4	3,75	4,10
	Sud-Est	8,5	7,2	7,85	
Irland		4,6	8,3	6,45	
	Southern and Eastern	4,5	5,6	5,05	0,85
	Border, Midlands and Western	4,8	7,0	5,90	
Italien		6,1	6,9	6,50	
	Provincia Autonoma Bolzano-Bozen	2,6	2,4	2,50	9,15
	Calabria	11,2	12,1	11,65	
Schweden		6,2	7,0	6,60	
	Stockholm				
	Övre Norrland				
Lettland		6,0	7,5	6,75	
Finnland		6,9	6,9	6,90	
	Åland	2,9		1,45	7,20
	Pohjois-Suomi	8,8	8,5	8,65	

---

[198] Es handelt sich hierbei um vorübergehende Daten, welche in den kommenden Jahren noch angepasst werden.
[199] kursive Schrift: neue Mitgliedstaaten der Förderperiode.

Belgien		7,5	7,1	7,30	
	Prov. West-Vlaanderen	3,0	2,7	2,85	13,65
	Région de Bruxelles-Capitale	17,1	15,9	16,50	
Deutschland		8,6	7,1	7,85	
	Oberbayern	4,3	3,3	3,80	
	Dessau				
Ungarn		7,4	8,5	7,95	
	Nyugat-Dunántúl	5,0	4,9	4,95	7,90
	Észak-Magyarország	12,3	13,4	12,85	
Portugal		8,0	8,1	8,05	
	Centro	5,6	5,4	5,50	3,20
	Alentejo	8,4	9,0	8,70	
Griechenland		8,3	7,9	8,10	
	Kriti	5,3	6,3	5,80	6,50
	Dytiki Makedonia	12,1	12,5	12,30	
Polen		9,6	7,0	8,30	
	Malopolskie	8,5	6,2	7,35	3,15
	Zachodniopomorskie	11,5	9,5	10,50	
Frankreich		8,3	8,5	8,40	
	Alsace	6,1	6,1	6,10	5,35
	Nord-Pas-de-Calais	11,5	11,4	11,45	
	Corse	11,3	8,2	9,75	3,65
Slowakei		11,1	9,3	10,20	
	Bratislavský kraj	4,3	3,4	3,85	10,20
	Východné Slovensko	14,9	13,2	14,05	
Spanien		8,3	14,8	11,55	
	Comunidad Foral de Navarra	4,8	6,7	5,75	9,55
	Andalucia	12,8	17,8	15,30	
EU-27 (Durchschnitt)		6,31	6,63	6,47	5,20
EU-25 (Durchschnitt)		6,28	6,70	6,49	5,39
EU-15 (Durchschnitt)		6,23	7,02	6,63	5,10
EG-12 (Durchschnitt)		6,53	7,51	7,02	5,25

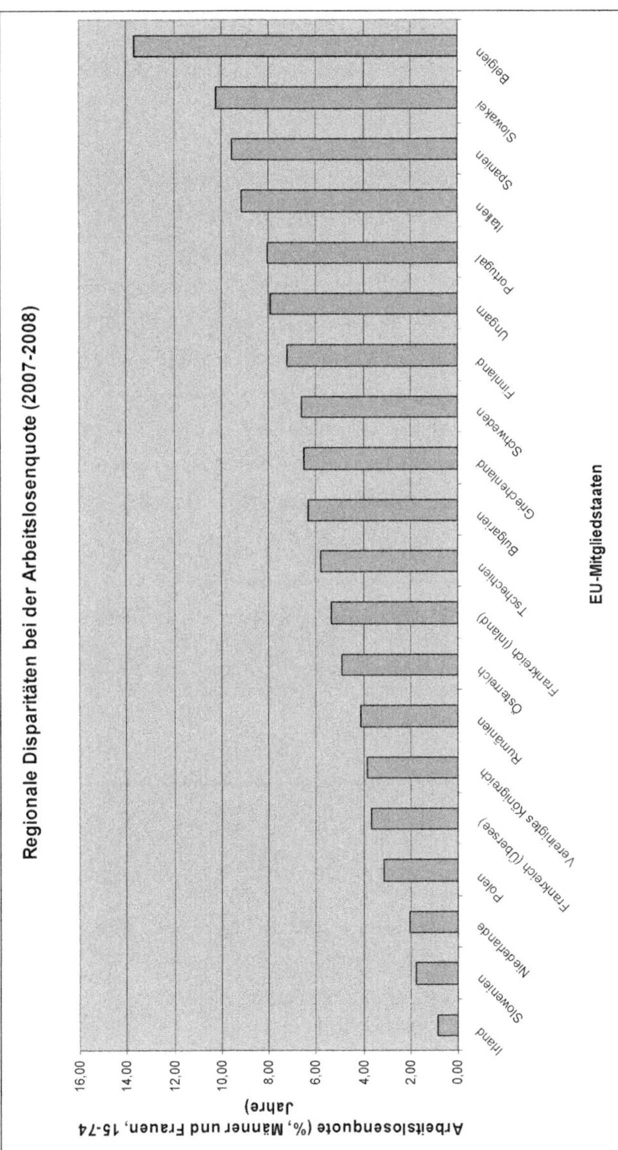

C1.4: **Regionale Disparitäten bei der Arbeitslosenquote (2007-2008)**[200]

---

[200] Eigene Darstellung.

Literatur- und Quellenverzeichnis[201]

A

Andersen, Uwe/Woyke, Richard (Hrsg.) (2003): Handwörterbuch des politischen
Systems der Bundesrepublik Deutschland, 5. Auflage, Opladen, Leske + Budrich.

B

Bontrup, Heinz-Joseph (2004): Volkswirtschaftslehre – Grundlagen der Mikro-
und Makroökonomie, 2. Auflage, München, Oldenbourg Wissenschaftsverlag.

Becker, Peter (2009): Die europäische Kohäsionspolitik und ihre Modernisierung,
in: Stiftung Wissenschaft und Politik – Deutsches Institut für Internationale Politik und Zusammenarbeit (Hrsg.), SWP-Studie, Berlin, http://www.swp-
berlin.org/common/get_document. php?asset_id=5812, abgerufen am 15.12.2009.

Behrens, Axel (2003): Regionales Bruttoinlandsprodukt in der Europäischen Uni
on 2000, in: Eurostat (Hrsg.), Statistik kurz gefasst, Reihe Allgemeine Statistik, Nr.1, Luxemburg, Amt für amtliche Veröffentlichungen der Europäischen Gemeinschaften, S.1-7.
http://www.eds-destatis.de/de/downloads/sif/dn_03_01.pdf, abgerufen am: 13.1.2010.

C

CDU-Landesgruppe Baden-Württemberg im Europäischen Parlament (Hrsg.):
EU-Förderung in Baden-Württemberg – Eine Zusammenstellung der wichtigsten Förderprogramme 2007-2013,
http://www.wirtschaftsfoerderung-sbh.de/mcms.php?_oid=81f2772-c389-fe87-c88c-
9b9d67b13bd98, abgerufen am 16.12.2009.

E

Eurostat (2002): European Statistics – Changes in the NUTS classification 1981-
1999, Luxemburg, Amt für amtliche Veröffentlichungen der Europäischen Gemeinschaft.

Eurostat (2003): Europäische Regional- und Städtestatistik – Leitfaden, Reihe:
Methodologies and working papers, Luxemburg, Amt für amtliche Veröffentlichungen der Europäischen Gemeinschaft.

Eurostat (2006): EU integration seen through statistics – Key facts of 18 policy

---

[201] Alle Rechtsnormen sind im Text vollständig belegt und werden hier nicht gesondert aufgeführt.

areas, Luxemburg, Amt für amtliche Veröffentlichungen der Europäischen Gemeinschaft.

Eurostat (2007): Regionen in der Europäischen Union – Systematik der Gebietseinheiten für die Statistik – NUTS 2006/EU-27, Reihe: Methodologies and working papers,
Luxemburg, Amt für amtliche Veröffentlichungen der Europäischen Gemeinschaft.

Eurostat (2008a): Europäische Regional- und Städtestatistik – Leitfaden, Reihe:
Methodologies and working papers, Luxemburg, Amt für amtliche Veröffentlichungen der Europäischen Gemeinschaft.

Eurostat (2008b): Eurostat Jahrbuch der Regionen 2008, Reihe: Statistische Bü-
cher, Luxemburg, Amt für amtliche Veröffentlichungen der Europäischen Gemeinschaft.

EP (2007): Bericht über die Rolle und Wirksamkeit der Kohäsionspolitik im Hinblick auf
die Verringerung der Disparitäten in den ärmsten Regionen, (2006/2176 INI).

H

Hartwig, Ines (2006): Struktur- und Regionalpolitik in: Werner Weidenfeld/
Wolfgang Wessels (Hrsg.), Europa von A bis Z – Taschenbuch der europäischen Integration, 9. Auflage, Berlin, Nomos Verlag, S. 338-348.

Helmcke, Thomas (2008): Regionalstatistik auf europäischer und nationaler Ebe
ne, in: Statistisches Bundesamt (Hrsg.), Wirtschaft und Statistik, Nr. 3, Wiesbaden S. 207-
216.
http://www.destatis.de/jetspeed/portal/cms/Sites/destatis/Internet/DE/Cont
ent/Publikationen/Querschnittsveroeffentlichungen/WirtschaftStatistik/AllgemeinesMethode
n/Regionalstatistik,property=file.pdf, abgerufen am: 14.01.2010.

Heibült, Jessica (2009): Was ist sozialer Zusammenhalt ? – Eine Begriffsannähe
rung für den Armuts- und Reichtumsbericht des Landes Bremen 2009 - Abschlussbericht
zum Praktikum bei der Senatorin für Arbeit, Frauen, Gesundheit, Jugend und Soziales – Abteilung Soziales, Bremen.
http://www.soziales.bremen.de/sixcms/media.php/13/Was%20ist%20sozialer%20Zusamme
nhalt-bf-.pdf ,abgerufen am 14.11.2009.

K

Keune, Christian (2007): Erfolgreich arbeiten mit EU-Förderprogrammen – von
der ersten Idee bis zur Projektumsetzung – Einführung in die EU-Förderpolitik, Arbeitspapier zur Fortbildungsreihe des Referats Angelegenheiten der EU der Senatskanzlei Berlin
und der EU-Beauftragten der Berliner Bezirke in der Verwaltungsakademie Berlin, S. 6.

http://www.berlin.de/imperia/md/content/rbm-skzl/europareferat/frderprograme

/skript_einf_hrung_in_die_eu_f_rderpolitik.pdf?start&ts

=1246008311&file=skript_einf_hrung_in_die_eu_f_rderpolitik.pdf,   abgerufen   am

2.12.2008.

KOM (85) Nr. 305 endgültig vom 13.06.1984: Vollendung des Binnenmarktes:

Weißbuch der Kommission an den Europäischen Rat.

KOM (92) 2000 endgültig vom 11.2.1992: Von der Einheitlichen Akte zu der Zeit

nach Maastricht: Ausreichende Mittel für unsere ehrgeizigen Ziele, Brüssel.

KOM (1996): Erster Bericht über den wirtschaftlichen und sozialen Zusammen-

halt, Brüssel.

KOM (1999): Sechster Periodischer Bericht über die sozio-ökonomische Lage

und Entwicklung der Regionen der Gemeinschaft, Luxemburg, Amt für amtliche Veröffent-

lichungen der Europäischen Union.

KOM (2002a): Die Finanzverfassung der Europäischen Union, Luxemburg, Amt

für amtliche Veröffentlichungen der Europäischen Gemeinschaften.

KOM (2002b): Inforegio News (GD Regionalpolitik), Nr. 100, Brüssel.

KOM (2001): Inforegio News (GD Regionalpolitik), Nr. 1, Brüssel.

KOM (2004a): Im Dienst der Regionen, Luxemburg, Amt für amtliche Veröffent-

lichungen der Europäischen Gemeinschaften.

KOM (2004b): Der Kohäsionsfonds – Stärkung der europäischen Solidarität, Info

regio Panorama, Nr. 14, Luxemburg, Amt für amtliche Veröffentlichungen der Europäi-

schen Gemeinschaften.

KOM (2004c):Eine neue Partnerschaft für die Kohäsion – Konvergenz, Wettbe

werbsfähigkeit, Kooperation – Dritter Bericht über den wirtschaftlichen und sozialen Zu-

sammenhalt, Luxemburg, Amt für amtliche Veröffentlichungen der Europäischen Gemein-

schaften.

KOM (2004) 492 endgültig vom 14. Juli 2004: Stellungnahme Nr. 2/2005 zu

dem Vorschlag für eine Verordnung des Rates mit allgemeinen Bestimmungen über den Eu-

ropäischen Fonds für regionale Entwicklung, den Europäischen Sozialfonds und den Kohä-

sionsfonds.

KOM (2005): Beispiele guter Praxis in der regionalen Entwicklung, Inforegio

Panorama, Nr. 16, Luxemburg, Amt für amtliche Veröffentlichungen der Europäischen Ge-

meinschaften.

KOM (2006a): Inforegio News, Nr. 149, Brüssel.

KOM (2006b): Der neue Programmplanungszeitraum 2007-2013 – Indikative

Leitlinien zu Bewertungsverfahren: Indikatoren für Begleitung und Bewertung – Arbeitsdokument 2, Reihe Thematische Entwicklung, Auswirkungen, Bewertung und innovative Maßnahmen, Brüssel.
http://esf.bremen.de/sixcms/media.php/13/LL%20Begleitung%20und%20Bewertung.pdf, abgerufen am 18.11.2009.

KOM (2007a): Die Kohäsionspolitik 2007-2013 – Erläuterungen und offizielle Texte, Luxemburg, Amt für amtliche Veröffentlichungen der Europäischen Gemeinschaften.

KOM (2007b): Europäischer Sozialfonds – Investitionen in Menschen, Luxemburg, Amt für amtliche Veröffentlichungen der Europäischen Gemeinschaften.

KOM (2008a): EU-Kohäsionspolitik 1988-2008: Investitionen in Europas Zukunft, Inforegio Panorama, Nr. 26, Luxemburg, Amt für amtliche Veröffentlichungen der Europäischen Gemeinschaften.

KOM (2008b): Citizens' perceptions of EU Regional Policy - Analytical Report, in: The Gallup Organization, Eurobarometer, Nr. 234, http://ec.europa.eu/public_opinion/flash/fl_234_en.pdf, abgerufen am 16.12.2009.

KOM(2008) 616 endgültig vom 6.10.2008: Mitteilung der Kommission an das Europäische Parlament, den Rat, den Ausschuss der Regionen und den Europäischen Wirtschafts- und Sozialausschuss – Grünbuch zum territorialen Zusammenhalts – Territoriale Vielfalt als Stärke, SEK(2008) 2550.

Köppen, Bernhard (2005): Überlegungen zur Anpassung der Kohäsionspolitik an die neuen geographischen, wirtschaftlichen und politischen Verhältnisse der erweiterten Europäischen Union nach 2007, in: Europäisches Zentrum für Föderalismus-Forschung Tübingen (Hrsg.): Jahrbuch des Föderalismus 2005 – Föderalismus, Subsidiarität und Regionen in Europa, Bd. 6, Baden-Baden, Nomos, S. 599-606.

L

Lelgemann, Reinhard (2000): Zur Bedeutung von Arbeit für Menschen mit sehr schweren Körperbehinderungen, in: Bundesarbeitsgemeinschaft für unterstützte Beschäftigung (Hrsg.), impulse – Informationsblatt der Bundesarbeitsgemeinschaft für unterstützte Beschäftigung, Nr. 15, Hamburg, S. 18-20.
http://www.bag-ub.de/impulse/download/impulse15.pdf abgerufen am: 14.11.2009.

M

Manzella, Gian Paolo & Mendez, Carlos (2009): The turning points of EU cohe-

sion policy, Report Working Paper, Luxemburg/Strathclyde
http://ec.europa.eu/regional_policy/ policy/future/pdf/8_manzella_final-formatted.pdf, abgerufen am 15.12.2009

Michael Theurer im Interview mit Stefanie Schlüter, Staatsanzeiger Baden-
Württemberg (11.12.2009): Verfahrensvorschriften müssen noch mal kritisch überprüft
werden, in: Staatsanzeiger – Wochenzeitung für Wirtschaft, Politik und Verwaltung in Baden-Württemberg, Jg. 159, Nr. 48, S. 5.

Müller, Wolfgang (Hrsg.)/Eckey, Wolfgang/Folz, Jürgen/Hartmann, Heribert/
Köster, Rudolf/Mang, Dieter/Schrupp, Charlotte (1985): Das Bedeutungswörterbuch –
Wortbildung und Wortschatz, in: Wissenschaftlicher Rat der Dudenredaktion (Hrsg.): Der
Duden in 12 Bänden – Das Standardwerk zur deutschen Sprache, Bd. 10, 2. Auflage, Mann-
heim, Bibliographisches Institut & F.A. Brockhaus.

O

OECD (2007): Society at a glance – OECD social indicators – 2006 Edition,
Paris, OECD Publishing.
http://oberon.sourceoecd.org/vl=1255570/cl=42/nw=1/rpsv/society_glance
/01.htm, abgerufen am 14.11.2009.

Ohne Verfasser (2001): Irland: Keltischer Tiger auf dem Sprung, in: Focus vom
28.05.2001, Nr. 22, S. 259,
http://www.focus.de/finanzen/news/kurse-und-notizen-irland-keltischer-tiger-auf-dem-
sprung_aid_187611.html, abgerufen am 12.12.2009.

Ohne Verfasser (2003): When east meets west, The Economist, Artikel vom
20.11.2003,
http://www.economist.com/research/articlesBySubject/displaystory.cfm?subjectid=682266&
story_id=E1_NNDGSGT, abgerufen am 17.12.2009,

R

Rede von Jacques Delors vor dem Europäischen Parlament (11. Februar 1992), in:
Bulletin der Europäischen Gemeinschaften,1992, Nr. Sonderbeilage 1/1992, S. 6-13,
http://www.ena.lu/rede_jacques_delors_europaischen_parlament_11_februar_1992-3-
12748, abgerufen am 15.1.2010.

Rede von Michel Barnier vor dem Haushaltsausschuss vom 26. Mai 2003: La

simplification des fonds structurels, Brüssel, S.2,
http://ec.europa.eu/regional_policy/sources/docoffic/official/commnic/simplification/discour
sbarnier_simpl_fr.pdf, abgerufen am 10.12.2009.

S

Schoof, Ulrich (2002): Die Reform der EU-Strukturfonds von 1999 – Zur Ein

fluss- und Entscheidungslogik in der Europäischen Strukturpolitik, Diss., Osnabrück.
http://elib.ub.uni-osnabrueck.de/publications/diss/E-Diss236_thesis.pdf, abgerufen am
05.12.2009.

Schubert/Klein (2006): Das Politiklexikon, 4. Auflage, Ulm, Ebner & Spiegel.

Schubert, Christian (2004): Irland – Eine Erfolgsgeschichte in der EU, in: Frank-

furter Allgemeine Zeitung vom 30.03.2004, Nr. 76, S.6,
http://www.faz.net/s/RubC9401175958F4DE28E143E68888825F6/Doc~ED85EC375B1B8
426DAC3CB9259949C808~ATpl~Ecommon~Scontent.html, abgerufen am 12.12.2009.

Seyfried, Erwin (1994): Die Gemeinschaftsinitiativen „HUMANRESSOURCEN"

– Erfahrungen und Ergebnisse transnationaler Programme zur Förderung der beruflichen
Bildung und Beschäftigung, in: Cedefop (Europäisches Zentrum für die Berufsbildung)
(Hrsg.), Europäische Zeitschrift für Berufbildung, Nr. 3, S. 44-50.
http://www.cedefop.europa.eu/etv/Upload/Information_resources/Bookshop/135/3_de_seyfr
ied.pdf, abgerufen am 18.11.2009.

Statistisches Bundesamt Deutschland (Hrsg.) (2007): Deutschland in der EU 2006

- Verdienste, Einkommen, Inflationsrate, Armut, Sozialschutz, in: Statistisches Landesamt
Baden-Württemberg (Hrsg.), Statistisches Monatsheft Baden-Württemberg, Nr. 8, Stuttgart,
S. 13-18.
http://www.statistik.baden-wuerttemberg.de/veroeffentl/Monatshefte/
PDF/Beitrag07_08_04.pdf, abgerufen am 14.1.2010.

Q

Quelle International (Hrsg.) (ohne Jahr): Das aktuelle Fremdwörter Lexikon –

Über 75.000 Stichwörter und Erklärungen – Beugung, Herkunft, Bedeutung, Aussprache,
Wortverbindungen, Ulm, Ebner & Spiegel.

W

Westermann, Ralph (2007): Die Nachhaltigkeit transnationaler EU-Raumentwicklungspolitik, in: Gläßer, Ewald/Nipper, Josef/Schmied, Martin/Schulz, Günther (Hrsg.): Wirtschaftsgeographie und Wirtschaftsgeschichte, Bd. 14, Diss. 2006, Köln, Josef EUL Verlag.

Winker, Peter (2007): Empirische Wirtschaftsforschung und Ökonometrie, 2. Auflage, Berlin/Heidelberg, Springer Verlag.

Internetadressen:

Bundesministerium für Wirtschaft und Technologie:
http://www.bmwi.de/BMWi/Navigation/Wirtschaft/Wirtschaftspolitik/re-gionalpolitik.html, abgerufen am: 30.11.2009.

Bundeszentrale für politische Bildung:
http://www1.bpb.de/popup/popup_lemmata.html?guid=KBLE2R, abgerufen am 05.12.2009

ENA (European Navigator – Multimediareferenz zur Geschichte Europas)
http://www.ena.lu/ verordnung_3906-89_rates_uber_ wirtschaftshilfe_republik_ungarn_volksrepublik_polen_ dezember_1989-3-11189, abgerufen am 15.1.2010.

EUFIS (EU-Fachinformationssystem der Bank für Sozialwirtschaft):
http://www.eufis.de/eu-glossar.html?title=Europäische Dimension, abgerufen am 16.12.2009.

Europa-Digital (Informationsplattform für europäische Themen):
http://www.europa-digital.de/dschungelbuch/nochorg/eib/, abgerufen am 05.12.08.
http://www.europa-digital.de/dschungelbuch/nochorg/eib/kompetenzen.shtml, abgerufen am 18.11.2009.

Europäische Kommission:
http://ec.europa.eu/regional_policy/sources/docoffic/official/communic/simplification/discoursbarnier_simpl_fr.pdf, abgerufen am 10.12.2009.

Eur-Lex (Datenbank für europäische Rechtsvorschriften):
http://eur-lex.europa.eu/de/index.htm, mehrere Abrufdaten.

Eurostat:

    http://epp.eurostat.ec.europa.eu/portal/page/portal/eurostat/home/, mehrere Abrufdaten.

Generaldirektion Regionalpolitik:

    http://ec.europa.eu/regional_policy/funds/procf/cf_de.htm, abgerufen am 18.11.2009.

Portal der Europäischen Union:

    http://europa.eu/institutions/financial/eib/index_de.htm, abgerufen am 18.11.2009.

SPD Nordrhein-Westfalen :

    http://www.spd-bielefeld.de/meldungen/202/74109/Zukunftskonvent-2009-Rede-der-Landesvorsitzenden-der-NRWSPD-Hannelore-Kraft.html, abgerufen am 2.12.2009.

Statistisches Bundesamt Deutschland:

    http://www.destatis.de/jetspeed/portal/cms/Sites/destatis/Internet/DE/Presse/abisz/BIP,templ ateId=renderPrint.psml, abgerufen am 13.11.2009.

ibidem-Verlag

Melchiorstr. 15

D-70439 Stuttgart

info@ibidem-verlag.de

www.ibidem-verlag.de
www.ibidem.eu
www.edition-noema.de
www.autorenbetreuung.de

Printed in Dunstable, United Kingdom